"문해력 키우는 하루 한 장 초등 글쓰기"

다섯 줄 글쓰기

문해력 키우는 하루 한 장 초등 글쓰기
다섯 줄 글쓰기

초판 1쇄 인쇄 2025년 8월 6일
초판 1쇄 발행 2025년 8월 13일

지은이 올바른초등교육연구소

발행인 장상진
발행처 (주)경향비피
등록번호 제2012-000228호
등록일자 2012년 7월 2일

주소 서울시 영등포구 양평동 2가 37-1번지 동아프라임밸리 507-508호
전화 1644-5613 | **팩스** 02) 304-5613

ⓒ올바른초등교육연구소

ISBN 978-89-6952-625-0 73710

· 값은 표지에 있습니다.
· 파본은 구입하신 서점에서 바꿔드립니다.

1. **제품명**: 다섯 줄 글쓰기 2. **제조자명**: 경향BP
3. **주소**: 서울시 영등포구 양평동 2가 37-1번지 동아프라임밸리 507호
4. **전화번호**: 1644-5613 5. **제조국**: 대한민국
6. **사용연령**: 8세 이상 7. **제조연월**: 2025년 8월
8. **취급상 주의사항**
   - 종이에 베이거나 긁히지 않도록 조심하세요.
   - 책 모서리가 날카로우니 던지거나 떨어뜨리지 마세요.

"문해력 키우는 하루 한 장 초등 글쓰기"

다섯 줄 글쓰기

• 초등 교육과정 성취기준에 맞춘 글쓰기 워크북 •

올바른초등교육연구소 지음

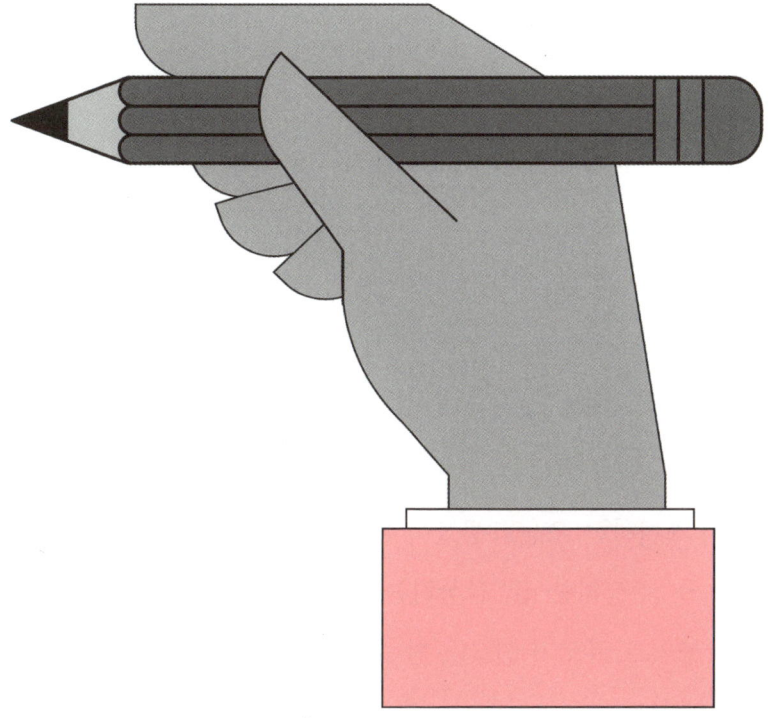

경향BP

머리말

"얘들아, 오늘 글쓰기는 어때? 어렵지 않게 쓸 수 있는 것 같니?"
"선생님. 저는 세 줄까지는 괜찮은데, 네 줄부터는 뭘 써야 할지 모르겠어요."
"정말? 나도 그런데…. 생각은 나는데 어떻게 써야 할지 막막할 때가 많아."
"나는 그럴 때마다 지난번에 선생님께서 알려 주신 다섯 줄 글쓰기 공식을 이용하고 있어!"
"뭐? 다섯 줄 글쓰기 공식?"

이 책은 글쓰기를 어려워하는 초등학생들이 다섯 줄을 자연스럽게 완성할 수 있도록 도와주는 글쓰기 연습장이에요. 간단히 말해 하루 한 장, 딱 다섯 줄만 쓰면서 글쓰기의 기초를 튼튼하게 쌓을 수 있는 책이죠.

다섯 줄 글쓰기 공식에 맞춘 다섯 가지 유형의 글쓰기 연습

"무슨 말을 먼저 써야 하지?"
"어떤 순서로 써야 하지?"
"마무리는 어떻게 해야 하지?"

초등학생들이 글쓰기를 할 때 가장 많이 고민하는 질문이에요. 이 책에서는 이와 같은 질문에 답을 주기 위해 '다섯 줄 글쓰기 공식'을 소개했어요. 초등학교 국어과 교육과정에서 제시하는 초등학생들이 꼭 배워야 할 다섯 가지 유형의 글인 이야기 글, 설명하는 글, 주장하는 글, 감상하는 글, 관찰한 내용을 표현하는 글을 모두 담고 다섯 줄 글쓰기로 글쓰기 연습을 할 수 있게 했어요.

초등학교에서 배우는 다섯 가지 유형의 글을 쓸 때 이 책에서 알려 주는 '다섯 줄 글쓰기 공식'대로만 쓰면 자연스럽게 한 편의 글을 완성할 수 있어요. 예를 들어, '시간이 멈춘다면?'처럼 상상력이 필요한 주제도 다섯 줄 글쓰기 공식을 따라 쓰면 멋진 이야기 글이 돼요. 또 '친구에게 소개하고 싶은 책'을 감상문으로 쓰거나, '학교에 반려견을 데려와도 될까?'와 같은 주장하는 글도 다섯 줄 글쓰기 공식에 맞춰 쉽고 재미있게 효과적으로 쓸 수 있어요.

왜 하필 '다섯 줄'일까요?

다섯 줄 글쓰기를 연습하는 이유는 초등학생들의 관점에서 생각했을 때 써야 하는 글의 길이가 너무 길면 글쓰기가 부담스럽고, 반대로 너무 짧으면 내 생각을 다 담기 어렵기 때문이에요. 한마디로 말해, 다섯 줄은 초등학생이 생각을 정리하고, 문장을 연결하며 글을 쓰기에 딱 좋은 분량이에요.

처음부터 긴 글을 잘 쓰는 건 어려워요. 하지만 다섯 줄처럼 짧은 글부터 차근차근 써 보면 자연스럽게 문장력, 표현력, 문단 구성력을 기를 수 있어요. 또한 하루 한 장씩 쓰면서 글쓰기 습관을 들이고, 매일 조금씩 쓰는 훈련을 한다면 문해력과 사고력도 함께 키울 수 있어요. 내 생각을 문장으로 표현하여 다른 사람에게 제대로 전달하는 힘은 모든 공부의 기초라는 사실을 알고 있죠?

이 책은 "글쓰기는 너무 어렵고, 재미없어!"라고 느끼는 친구에게도, "무엇을 써야 할지 모르겠어."라고 고민하는 친구에게도, "글쓰기를 더 잘하고 싶어."라고 바라는 친구에게도 꼭 맞는 책이에요. 재미있는 소재들로 어떤 내용을 어떤 순서와 방법으로 쓰는 게 좋은지를 알려 주는 초등 글쓰기 필살기가 담겨 있으니까요.

하루 한 장, 다섯 줄부터! 우리 함께 다섯 줄 글쓰기의 세계로 떠나 볼까요?

목차

머리말 4
다섯 줄 글쓰기가 왜 필요할까? 12
어떻게 하면 다섯 줄을 잘 쓸 수 있을까? 14

1장 이야기 글(일기, 상상하는 글 등)
→ 사건을 서술하는 힘

이야기 글 다섯 줄 글쓰기 공식 18
이야기 글, 어떻게 다섯 줄로 쉽게 쓸 수 있을까? 19
- 01 학교에 외계인이 전학생으로 왔다! 20
- 02 엄마, 아빠가 하루 동안 어린이가 된다면? 21
- 03 내가 마법을 쓸 수 있다면? 22
- 04 하루 동안 동물이 된다면 어떤 일이 벌어질까? 23
- 05 장난감이 밤에 몰래 움직인다면? 24
- 06 꿈속에서 생긴 일 25
- 07 나만 들을 수 있는 비밀 목소리가 생겼다! 26
- 08 거울 속 또 다른 내가 말을 걸어왔다면? 27
- 09 엄마(아빠)가 갑자기 초능력을 가지게 된다면? 28
- 10 친구랑 몸이 바뀌어 버린다면? 29
- 11 학교에서 비밀의 문을 발견했다면? 30
- 12 내가 좋아하는 캐릭터와 하루를 보낸다면? 31
- 13 게임 속 주인공이 되어 모험을 떠난다면? 32
- 14 편지를 펴 보니 미래의 나에게서 온 것이었다면? 33
- 15 도깨비방망이를 줍는다면 가장 먼저 할 일은? 34
- 16 투명 인간이 된 하루 35
- 17 시간이 멈춘다면 무엇을 할까? 36

⑱ 우리 가족이 우주여행을 떠난다면?	37
⑲ 세상에서 가장 재미있는 하루를 만든다면?	38
⑳ 내가 그린 그림 속 캐릭터가 살아났다!	39
㉑ 내가 초콜릿 나라의 왕(여왕)이 된다면?	40
㉒ 엘리베이터에서 내렸는데 다른 세계라면?	41
㉓ 학교 뒷산에서 보물을 발견했다면?	42
㉔ 말하는 동물 친구를 만나게 된다면?	43

2장 설명하는 글(설명문, 소개하는 글 등)
→ 정보를 명확히 정리하는 힘

설명하는 글 다섯 줄 글쓰기 공식	46
설명하는 글, 어떻게 다섯 줄로 쉽게 쓸 수 있을까?	47
① 가장 맛있는 라면을 만드는 방법	48
② 우리 집(또는 내 방)을 소개합니다!	49
③ 100년 후 미래의 학교는?	50
④ 내 친구들의 재미있는 별명을 소개합니다!	51
⑤ 내가 가장 좋아하는 음식은?	52
⑥ 나의 베스트 프렌드는?	53
⑦ 절대 먹고 싶지 않은 음식 세 가지	54
⑧ 외계인 친구에게 '지구의 음식' 설명하기	55
⑨ 내가 가장 좋아하는 운동과 이유	56
⑩ 내가 키우고 싶은 동물은?	57
⑪ 우리 동네에서 꼭 가 봐야 할 곳	58
⑫ 최악의 학급 규칙 만들기	59

⑬ 내가 생각하는 최고의 생일 파티	60
⑭ 소중한 지구를 지키는 방법	61
⑮ 우주에는 어떤 신기한 것이 있을까?	62
⑯ 내가 주인공이 되는 게임을 만든다면?	63
⑰ 인터넷 없는 세상에서 사는 법	64
⑱ 내가 발명한 기발한 물건	65
⑲ 내가 좋아하는 계절은?	66
⑳ 미래의 스마트폰에는 어떤 기능이 있을까?	67
㉑ 우리 학교 급식 자랑하기	68
㉒ 내가 좋아하는 (게임 속) 캐릭터	69
㉓ 꼭 먹어 봐야 하는 맛있는 간식	70
㉔ 게임을 잘하는 데 필요한 세 가지	71

3장 주장하는 글 (의견을 제시하는 글, 논설문 등)
→ 생각을 논리적으로 정리하는 힘

주장하는 글 다섯 줄 글쓰기 공식	74
주장하는 글, 어떻게 다섯 줄로 쉽게 쓸 수 있을까?	75
① 초콜릿을 매일 먹어도 괜찮을까?	76
② 게임은 몇 시간 하는 것이 좋을까?	77
③ 좋아하는 유튜브를 하루 종일 봐도 될까?	78
④ 호랑이 vs 사자, 싸우면 누가 이길까?	79
⑤ 학교에 놀이공원이 생긴다면? 찬성 vs 반대	80
⑥ 로봇이 숙제를 대신 해 줘도 될까?	81
⑦ 우리 반에서 반려동물을 키워도 될까?	82
⑧ 점심시간을 2시간으로 늘려도 될까?	83
⑨ 내 책상을 내 마음대로 꾸며도 될까?	84
⑩ 체육 수업을 매일 하면 좋을까?	85

11 친구와 싸웠을 때, 먼저 사과하는 게 맞을까? ···· 86
12 학교 숙제를 없애야 할까? ···· 87
13 돈보다 더 중요한 것은 무엇일까? ···· 88
14 아침 일찍 일어나는 것이 좋을까, 늦잠이 좋을까? ···· 89
15 피자가 더 맛있을까, 치킨이 더 맛있을까? ···· 90
16 '학교에 가는 로봇'을 만들어도 될까? ···· 91
17 집에서도 학교처럼 규칙을 정해야 할까? ···· 92
18 스마트폰 없이 일주일을 살 수 있을까? ···· 93
19 초등학생에게도 스마트폰이 필요할까? ···· 94
20 도서관에서는 조용히 해야 할까, 이야기해도 될까? ···· 95
21 학교에 반려견을 데려와도 될까? ···· 96
22 매주 금요일을 공부 안 하는 날로 정해도 될까? ···· 97
23 로봇 선생님이 진짜 선생님보다 더 좋을까? ···· 98
24 초등학교에 '낮잠 시간'이 필요할까? ···· 99

4장 감상하는 글(독후감, 감상문 등)
→ 작품에 대한 감상을 표현하는 힘

감상하는 글 다섯 줄 글쓰기 공식 ···· 102
감상하는 글, 어떻게 다섯 줄로 쉽게 쓸 수 있을까? ···· 103
01 배꼽 빠지게 웃긴 영화 속 장면 ···· 104
02 따라 하면 더 웃긴 노래 가사 ···· 105
03 따뜻한 위로가 되었던 노래 ···· 106
04 마음이 몽글몽글해지는 애니메이션 이야기 ···· 107
05 절대 추천하고 싶지 않은 책 ···· 108
06 눈물이 났던 책 ···· 109
07 가장 소름 끼쳤던 영화 장면 ···· 110
08 '이건 내 이야기야!'라고 느낀 영화 ···· 111

09	따라 부르고 싶은 신나는 노래	112
10	너무 슬퍼서 눈물이 났던 영화	113
11	가장 신났던 뮤지컬 공연	114
12	예상하지 못한 결말을 가진 책	115
13	너무 재미없어서 중간에 덮은 책	116
14	충격적인 반전이 있었던 영화	117
15	주인공의 선택에 완전히 공감했던 순간	118
16	기대했는데 별로였던 책	119
17	'와, 대단하다!' 감탄했던 공연	120
18	나를 놀라게 한 그림책	121
19	비 오는 날 듣기 좋은 노래	122
20	다음에 꼭 다시 보고 싶은 공연	123
21	웃음이 터진 만화책 속 한 장면	124
22	상상한 결말과 달라서 놀랐던 이야기	125
23	읽자마자 바로 친구에게 소개하고 싶었던 책	126
24	꿈에 나올 정도로 인상 깊었던 책	127

5장 관찰한 내용을 표현하는 글(묘사 글 등)
→ 사물을 생생하게 표현하는 힘

관찰한 내용을 표현하는 글 다섯 줄 글쓰기 공식 · · · · · · · · · · · 130
관찰한 내용을 표현하는 글, 어떻게 다섯 줄로 쉽게 쓸 수 있을까? · · · 131
- 01 달콤한 아이스크림을 한 입 먹었을 때 느낌 · · · · · · · · · · 132
- 02 내 손을 자세히 들여다보면? · · · · · · · · · · · · · · · · · 133
- 03 눈을 감았을 때 들리는 소리 · · · · · · · · · · · · · · · · · 134
- 04 무지개를 본 순간 떠오른 생각 · · · · · · · · · · · · · · · · 135
- 05 밤하늘의 별을 자세히 본다면? · · · · · · · · · · · · · · · · 136
- 06 우리 반 교실의 아침 풍경 · · · · · · · · · · · · · · · · · · 137
- 07 따뜻한 핫초코를 마실 때의 느낌 · · · · · · · · · · · · · · · 138
- 08 폭풍우가 몰아치는 날, 창밖 모습 · · · · · · · · · · · · · · 139
- 09 매일 메는 내 가방의 모습 · · · · · · · · · · · · · · · · · · 140
- 10 할머니(할아버지)의 얼굴을 자세히 본다면? · · · · · · · · · · 141
- 11 공원에서 본 신기한 풍경 · · · · · · · · · · · · · · · · · · 142
- 12 물방울이 창문에 맺힐 때의 모습 · · · · · · · · · · · · · · · 143
- 13 거울에 비친 내 얼굴 · 144
- 14 추운 겨울, 눈을 만졌을 때의 느낌 · · · · · · · · · · · · · · 145
- 15 비 오는 날, 운동장의 모습 · · · · · · · · · · · · · · · · · 146
- 16 구름을 보며 떠오르는 상상 · · · · · · · · · · · · · · · · · 147
- 17 숲속에 들어가 본 느낌 · · · · · · · · · · · · · · · · · · · 148
- 18 한여름의 더위 · 149
- 19 눈이 펑펑 내리는 날 · 150
- 20 햄버거를 한 입 베어 물었을 때의 느낌 · · · · · · · · · · · · 151
- 21 아이스크림이 녹아 흘러내리는 모습 · · · · · · · · · · · · · 152
- 22 생일 케이크에 초를 켜고 바라본 순간 · · · · · · · · · · · · 153
- 23 트램펄린 위에서 방방 뛰는 친구의 모습 · · · · · · · · · · · 154
- 24 점심시간 급식실에 줄 서 있는 친구들의 모습 · · · · · · · · · 155

다섯 줄 글쓰기가
왜 필요할까?

글쓰기를 할 때 막막했던 적이 있나요? 무슨 내용을 써야 할지 모르겠고, 문장이 길어질수록 더 헷갈릴 때가 있었다고요? 세 줄, 네 줄까지는 잘 쓰지만 다섯 줄째부터 막막했던 적이 있다고요? 글쓰기를 잘하기 위해서는 그런 헷갈림, 막막함을 이겨 내야 해요. 이걸 도와주는 게 다섯 줄 글쓰기예요. 다섯 줄 글쓰기의 장점을 알려 줄게요.

첫째, 글의 흐름을 쉽게 정리할 수 있어요.

예를 들어, '시간이 멈춘다면 나는 무엇을 할까?'라는 글을 쓴다고 해 볼게요. 시간이 멈춘 순간(1줄), 내가 하고 싶은 일(2~3줄), 그 일이 끝난 후의 모습(4줄), 그 경험을 통해 느낀 점(5줄) 이렇게 다섯 줄로 정리하면 처음, 중간, 끝이 자연스럽게 연결돼요. 길고 복잡하게 쓰지 않아도 짧은 문장으로 핵심 내용을 정리할 수 있어요.

둘째, 생각을 정확하게 표현할 수 있어요.

'내가 키우고 싶은 동물'을 주제로 글을 쓴다고 생각해 볼까요? 어떤 동물을 키우고 싶은지(1줄), 그 동물의 특징(2~3줄), 그 동물을 키우면 좋은 점(4줄), 내 생각 정리(5줄) 이렇게 다섯 줄로 쓰면 하고 싶은 말을 또렷하게 전달할 수 있지 않을까요?

셋째, 글쓰기가 재미있어져요.

처음부터 긴 글을 쓰려면 부담스러워요. 그렇다고 세 줄은 너무 짧은 느낌이 들죠. 그런데 딱 다섯 문장만 쓰면 된다고 생각해 보세요. 부담감도 없고, 훨씬 가벼운 마음으로 즐겁게 쓸 수 있지 않을까요?

넷째, 문장을 자연스럽게 연결하는 힘이 길러져요.

내가 쓴 글 속의 문장들이 서로 따로 노는 것처럼 느껴졌던 때가 있나요? 다섯 줄 글쓰기를 하면 앞뒤 문장을 자연스럽게 연결하는 방법을 배울 수 있어요. 예를 들어, '가장 신났던 하루'를 주제로 쓴다고 해 볼게요. 언제, 어디서 신났는지(1줄), 어떤 일이 있었는지(2~3줄), 마지막으로 그날의 기분(4~5줄)을 쓰면 짧은 글이지만 매끄럽게 연결된 멋진 글을 완성할 수 있어요.

다섯 줄 글쓰기는 이제 막 글쓰기에 흥미를 느끼는 친구들에게 꼭 추천해 주고 싶은 방법이에요. 특히 무작정 다섯 줄만 채우는 게 아니라 다섯 줄 글쓰기 공식에 맞춰 글쓰기를 연습하기 때문에 체계적이고 짜임새 있는 글쓰기 방법을 배울 수 있어요. 처음에는 살짝 어렵게 느껴질 수도 있어요. 하지만 계속해서 연습하다 보면 다섯 줄만으로도 멋진 글을 쓸 수 있을 거예요.

어떻게 하면
다섯 줄을 잘 쓸 수 있을까?

 다섯 줄 글쓰기는 글을 짧고 간결하게 쓰는 좋은 방법이에요. 하지만 막상 쓰려고 하면 어떤 내용을 넣어야 할지, 마지막 한 줄을 어떻게 마무리해야 할지 고민될 때가 많아요. 그렇다면 어떻게 하면 다섯 줄을 쉽고 자연스럽게 쓸 수 있을까요?

 첫째, 주제를 정한 후 머릿속으로 이야기의 흐름을 떠올려 보세요.
 글을 쓰기 전에 먼저 '이 글에서 무엇을 이야기할지' 생각하는 게 중요해요. 예를 들어, '시간이 멈춘다면 나는 무엇을 할까?'라는 주제가 있다면, 언제 시간이 멈췄는지(1줄), 무엇을 했는지(2~3줄), 마지막에는 어떤 느낌이었는지(4~5줄) 순서대로 정리해 보세요. 이렇게 하면 글의 흐름이 자연스러워져요.

 둘째, 다섯 줄 글쓰기 공식을 활용하세요.
 첫째 줄에는 주제나 상황을 소개하고, 둘째, 셋째 줄에는 그 내용을 구체적으로 설명해요. 넷째 줄에는 이야기를 마무리하고, 다섯째 줄에는 내 생각이나 느낀 점을 정리해요. 예를 들어, '내가 키우고 싶은 동물'이라는 주제로 글을 쓴다면, 첫 줄에는 원하는 동물을 소개하고, 둘째, 셋째 줄에는 그 동물의 특징과 키우고 싶은 이유를 적어요. 넷째 줄에는 그 동물을 키우면 어떤 일이 일어날지 쓰고, 다섯째 줄에는 내 생각을 정리하면 글이 깔끔하게 완성돼요.

 셋째, 너무 길게 쓰려고 하지 마세요.
 문장은 짧고 간결하게 써야 해요. 예를 들어, '햄버거를 한 입 베어 물었을 때의 느낌'을 주제로 쓴다면, "햄버거를 한 입 베어 물었다."라고 간단히 시작할 수 있어요. 그리고 "빵은 부드럽고, 양상추는 바삭했다."처럼 짧은 문장으로 표현하면 훨씬 쓰기 쉬워요. 문장이 길어지면 복잡해지고, 오히려 정리하기 어렵다는 사실을 꼭 기억하세요.

넷째, 꾸준히 연습하면 다섯 줄 글쓰기가 점점 쉬워져요.

처음에는 한 줄을 쓸 때도 고민하며 어렵다고 느낄 수도 있어요. 하지만 많이 쓰다 보면 점점 자연스럽게 다섯 줄을 완성할 수 있을 거예요. 처음에는 짧은 주제부터 연습해 보고, 점점 다양한 주제에 도전해 보세요. 예를 들어, '호랑이 vs 사자, 싸우면 누가 이길까?'나 '달콤한 아이스크림을 한 입 먹었을 때의 느낌' 같은 주제를 정해 꾸준히 쓰다 보면 어느 순간 글쓰기가 훨씬 편해질 거예요.

아직 글쓰기에 자신이 없다면 다섯 줄이 많게 느껴질 수도 있어요. 하지만 한 줄이 다섯 개 모여 있는 것뿐이에요. 글쓰기 공식에 맞춰 한 줄, 한 줄을 채운다면 금방 다섯 줄이 될 거예요. 이 책에서 소개하는 글쓰기 공식에 따라 차근차근 연습하면 누구나 다섯 줄 글쓰기에 성공할 수 있을 거예요. 이제 이 책에서 제시한 재미있는 주제들을 살펴보고, 그중에서 쓰고 싶은 것을 쏙쏙 뽑아 다섯 줄 글쓰기를 연습해 볼까요?

1장

이야기 글
(일기, 상상하는 글 등)

→ 사건을 서술하는 힘

★ 이야기 글 ★
다섯 줄 글쓰기 공식

 언제, 어디서, 누가 등장하는지

 어떤 일이 일어났는지

 그때 내 감정은 어땠는지

 일이 어떻게 마무리됐는지

 그 경험을 통해 느낀 점

이야기 글, 어떻게 다섯 줄로 쉽게 쓸 수 있을까?

이야기 글을 쓸 때는 어떤 일이 일어났는지 차례대로 정리하는 것이 중요해요. 하지만 문장이 길어지면 생각이 꼬이고, 짧게 쓰려니 어떻게 정리해야 할지 막막할 때가 많죠. 이럴 때 '다섯 줄 글쓰기 공식'을 활용하면 쉽게 글을 완성할 수 있어요!

첫째, 언제, 어디서, 누가 등장하는지 먼저 써요.
예를 들어, "어느 여름날, 친구들과 공원에 갔다."처럼 시간, 장소, 등장인물을 짧게 소개하면 돼요.
둘째, 어떤 일이 일어났는지 써요.
예를 들어, "갑자기 비가 내리기 시작해 우리는 급히 큰 나무 아래로 뛰어갔다."처럼 사건이 어떻게 진행되는지를 정리해요.
셋째, 그때 내 감정은 어땠는지 표현해요.
예를 들어, "당황했지만 친구들과 함께여서 신나고 재미있었다."처럼 솔직한 감정을 적어 보세요.
넷째, 일이 어떻게 마무리됐는지 써요.
예를 들어, "잠시 후 비가 그쳐서 우리는 다시 신나게 놀았다."처럼 사건이 끝나는 부분을 짧게 정리하면 돼요.
다섯째, 그 경험을 통해 느낀 점을 정리해요.
예를 들어, "비가 내려도 친구들과 함께하면 좋은 추억이 된다."처럼 배운 점이나 느낀 점을 마지막 한 줄로 마무리하면 완성이에요.

이렇게 다섯 줄로 쓰면 짧아도 흐름이 자연스럽고 알찬 이야기 글이 돼요.

01

학교에 외계인이 전학생으로 왔다!

 **글쓰기 천재 토끼쌤은 어떻게 썼을까?**

우리 반에 키가 두 배나 큰 초록색 외계인이 전학생으로 왔다.
외계인은 친절하게 자신을 소개했다.
처음에는 조금 무서웠지만 외계인이 웃자 안심되었다.
외계인 친구는 공중에 떠서 칠판에 글씨를 썼고, 모두가 손뼉을 쳤다.
외계인 친구 덕분에 다르다고 이상한 게 아니라는 걸 알 수 있었다.

 **이제 네 차례야! 다섯 줄로 써 봐!**

○ 월   ○ 일   ○ 요일

 **토끼쌤의 TIP**

① 외계인의 생김새나 특징을 상상해서 자세히 써 봐.
② 내가 느낀 감정을 장면마다 표현해 봐.
③ 놀라운 일이 생겼다면, 친구들의 반응도 함께 써 봐.

02
엄마, 아빠가 하루 동안 어린이가 된다면?

 **글쓰기 천재 토끼쌤은 어떻게 썼을까?**

어느 날 아침, 엄마와 아빠가 나처럼 초등학생이 되었다.

엄마는 숙제하기 싫다고 투덜거렸고, 아빠는 놀이터로 놀러 갔다.

두 분의 행동이 나와 비슷해서 너무 웃겼다.

하루가 지나고 엄마, 아빠는 다시 원래 모습으로 돌아왔다.

부모님도 어렸을 때 나처럼 놀고 싶었겠다는 생각이 들었다.

 **이제 네 차례야! 다섯 줄로 써 봐!**

월   일   요일

 **토끼쌤의 TIP**

① 부모님이 어떤 어린이가 되었는지 상상해서 행동을 재미있게 써 봐.
② 내가 그 상황을 보며 어떤 기분이었는지 솔직하게 써 봐.
③ 하루를 겪고 나서 어떤 생각이 들었는지도 정리해 봐.

03

내가 마법을 쓸 수 있다면?

글쓰기 천재 토끼쌤은 어떻게 썼을까?

손을 흔들면 원하는 대로 할 수 있는 마법 능력을 갖게 되었다.

나는 주로 방을 깨끗하게 정리하는 마법을 사용했다.

처음에는 너무 신나고 편했지만 점점 모든 일이 지루하게 느껴졌다.

결국 마법을 쓰지 않고 내 힘으로 하나씩 해내기로 했다.

불편한 일도 직접 해야 성취감이 있다는 것을 느꼈다.

이제 네 차례야! 다섯 줄로 써 봐!

○ 월 ○ 일 ○ 요일

토끼쌤의 TIP

① 어떤 마법을 쓸 수 있는지 구체적으로 상상해서 써 봐.
② 마법을 썼을 때 생긴 재미있는 일이나 느낌을 표현해 봐.
③ 마법 없이 직접 해 보면서 느낀 점도 솔직하게 써 봐.

04

하루 동안 동물이 된다면 어떤 일이 벌어질까?

 **글쓰기 천재 토끼쌤은 어떻게 썼을까?**

어느 날 갑자기 나는 귀여운 강아지가 되었다.

네 발로 걷는 게 어색했지만 공원에서 뛰어놀 수 있어 좋았다.

그런데 말을 못하니 가족과 대화할 수 없어 답답했다.

해가 지고 다시 사람이 되었고, 강아지였던 기억은 희미해졌다.

오늘 일 덕분에 반려동물의 마음을 조금 더 이해하게 되었다.

 **이제 네 차례야! 다섯 줄로 써 봐!**   ◯ 월 ◯ 일 ◯ 요일

토끼쌤의 TIP

① 어떤 동물이 되었는지 상상하고 그 동물의 하루를 써 봐.
② 사람이었을 때와 다른 점을 재미있게 표현해 봐.
③ 동물이 된 경험을 통해 느낀 점을 마지막에 정리해 봐.

05

장난감이
밤에 몰래 움직인다면?

 **글쓰기 천재 토끼쌤은 어떻게 썼을까?**

어느 날 밤, 내 방에서 이상한 소리가 들려 잠에서 깼다.

문을 열어 보니 장난감들이 움직이며 이야기를 나누고 있었다.

깜짝 놀랐지만 신기하고 재미있어서 조용히 지켜보았다.

그런데 인기척을 느낀 장난감들이 황급히 원래 자리로 돌아갔다.

장난감들의 비밀을 나 혼자만 알고 있기로 했다.

 **이제 네 차례야! 다섯 줄로 써 봐!**

○ 월   ○ 일   ○ 요일

 **토끼쌤의 TIP**

① 어떤 장난감이 어떻게 움직였는지 자세히 써 봐.
② 장난감들의 대화나 행동을 재미있게 상상해 봐.
③ 나만 아는 비밀이라는 느낌을 마지막에 담아 봐.

06
꿈속에서 생긴 일

 **글쓰기 천재 토끼쌤은 어떻게 썼을까?**

꿈속에서 거대한 초콜릿 왕국에 도착했다.

모든 것이 초콜릿인 그곳에서 초콜릿을 실컷 먹었다.

처음에는 너무 행복했지만 점점 배가 불러서 더는 먹을 수 없었다.

초콜릿 왕이 나타나 "너는 여기서 영원히 살아야 한다."라고 말했다.

깜짝 놀라 눈을 뜨니 침대였고, 꿈이라서 다행이었다.

 **이제 네 차례야! 다섯 줄로 써 봐!**

( )월 ( )일 ( )요일

 **토끼쌤의 TIP**

① 꿈속 장소나 분위기를 상상해서 생생하게 써 봐.
② 꿈에서 겪은 기쁜 일이나 놀란 일을 자세히 써 봐.
③ 꿈에서 깬 순간의 느낌도 마지막에 담아 봐.

07

나만 들을 수 있는
비밀 목소리가 생겼다!

 **글쓰기 천재 토끼쌤은 어떻게 썼을까?**

갑자기 귓가에서 이상한 목소리가 들리기 시작했다.

목소리는 숙제를 하라고 하거나 우산을 챙기라고 조언해 주었다.

처음에는 신기했지만 계속 들리니 점점 귀찮아졌다.

결국 "조용히 해!"라고 외치자 목소리가 사라졌다.

선택은 스스로 하는 것이 더 중요하다는 걸 깨달았다.

 **이제 네 차례야! 다섯 줄로 써 봐!**

◯ 월 ◯ 일 ◯ 요일

 **토끼쌤의 TIP**

① 목소리가 어떤 말투로 어떤 말을 했는지 생생하게 써 봐.
② 그 목소리 때문에 생긴 재미있는 일이나 갈등을 써 봐.
③ 목소리와의 경험을 통해 내가 느낀 점을 정리해 봐.

08

거울 속 또 다른 내가 말을 걸어왔다면?

 **글쓰기 천재 토끼쌤은 어떻게 썼을까?**

어제 아침, 거울을 보는데 거울 속 내가 말을 걸어왔다.

"넌 왜 그렇게 부지런해? 좀 더 쉬어!"라며 내게 장난스럽게 말했다.

처음에는 깜짝 놀랐지만 점점 신기하고 재미있었다.

갑자기 엄마가 방에 들어오자, 거울 속 나는 조용히 사라졌다.

그 순간이 꿈이었는지 현실이었는지 아직도 헷갈린다.

 **이제 네 차례야! 다섯 줄로 써 봐!**

○ 월   ○ 일   ○ 요일

 **토끼쌤의 TIP**

① 거울 속 내가 어떤 모습이고 어떤 말을 했는지 자세히 써 봐.
② 그 상황에서 내가 느낀 감정을 솔직하게 표현해 봐.
③ 거울 속 나와의 대화를 통해 내가 어떤 생각을 하게 됐는지 써 봐.

09 엄마(아빠)가 갑자기 초능력을 가지게 된다면?

 **글쓰기 천재 토끼쌤은 어떻게 썼을까?**

엄마가 생각만으로 모든 일을 할 수 있는 초능력을 갖게 되었다.
엄마는 손짓만으로 청소를 끝내고, 순식간에 맛있는 밥을 차렸다.
처음에는 너무 신났지만 엄마가 내 숙제까지 대신 하려 해서 당황했다.
나는 "숙제는 내가 해야 해!"라고 말했고, 엄마는 웃으며 멈췄다.
내가 할 수 있는 일까지 초능력을 쓸 필요는 없지 않을까?

 **이제 네 차례야! 다섯 줄로 써 봐!**

월   일   요일

 **토끼쌤의 TIP**
① 어떤 초능력을 갖게 되었는지 생생하고 재미있게 써 봐.
② 초능력 때문에 생긴 특별한 상황이나 문제가 있었는지 써 봐.
③ 초능력보다 더 소중한 게 무엇인지 생각해 보고 정리해 봐.

10 친구랑 몸이 바뀌어 버린다면?

 **글쓰기 천재 토끼쌤은 어떻게 썼을까?**

아침에 눈을 떴는데 내가 친구의 몸으로 변해 있었다.

친구 집에 가서 가족들과 인사하고, 친구처럼 행동하려 애썼다.

처음에는 재미있었지만 다시 내 몸을 갖고 싶었다.

하루가 지나고 다시 잠들었더니 다행히 원래 내 몸으로 돌아왔다.

내 몸이 소중하다는 것을 깨닫게 된 하루였다.

 **이제 네 차례야! 다섯 줄로 써 봐!**

　　월　　일　　요일

 **토끼쌤의 TIP**

① 친구의 몸으로 살아 보며 겪은 낯선 일을 자세히 써 봐.
② 친구가 평소에 어떤 생각을 했을지 상상해서 표현해 봐.
③ 몸이 바뀐 경험을 통해 느낀 점이나 배운 점을 정리해 봐.

11. 학교에서 비밀의 문을 발견했다면?

글쓰기 천재 토끼쌤은 어떻게 썼을까?

학교 복도를 걷다가 우연히 낡은 비밀의 문을 발견했다.
문을 열었더니 반짝이는 보물과 신비한 물건들이 가득했다.
신나서 여기저기 구경했지만 누군가 올 것 같아 조마조마했다.
급하게 문을 닫고 나왔는데, 다시 보니 문이 감쪽같이 사라져 있었다.
학교에는 내가 모르는 비밀이 많을지도 모르겠다는 생각이 들었다.

이제 네 차례야! 다섯 줄로 써 봐!

○ 월 ○ 일 ○ 요일

토끼쌤의 TIP
① 비밀의 문이 어디에 있고 어떤 모습이었는지 자세히 써 봐.
② 문 안에서 겪은 놀라운 일이나 느낌을 생생하게 표현해 봐.
③ 그 문이 사라진 뒤 어떤 생각이 들었는지 마무리에 담아 봐.

12

내가 좋아하는 캐릭터와 하루를 보낸다면?

글쓰기 천재 토끼쌤은 어떻게 썼을까?

아침에 눈을 뜨자 내가 좋아하는 캐릭터가 내 방에 있었다.

우리는 함께 학교에 가고, 맛있는 음식을 나눠 먹었다.

처음에는 믿기지 않았지만 정말 친구가 된 것 같아 행복했다.

그런데 해가 질 무렵, 캐릭터는 이제 헤어질 시간이라고 했다.

꿈같은 하루였고, 다시 만나길 바라며 그 캐릭터가 나오는 책을 읽었다.

이제 네 차례야! 다섯 줄로 써 봐!

◯ 월 ◯ 일 ◯ 요일

토끼쌤의 TIP
① 어떤 캐릭터인지, 왜 좋아하는지도 함께 써 봐.
② 캐릭터와 함께한 특별한 일이나 재밌는 활동을 자세히 써 봐.
③ 캐릭터와 헤어질 때의 마음이나 바람을 마지막에 담아 봐.

게임 속 주인공이 되어 모험을 떠난다면?

 **글쓰기 천재 토끼쌤은 어떻게 썼을까?**

내가 하던 게임 속 주인공이 되었다.

용사가 된 나는 마법 검을 들고 드래곤이 있는 성으로 향했다.

드래곤을 마주하자 두려움이 밀려왔다.

하지만 용기를 내서 드래곤과 싸웠고, 마침내 보물을 손에 넣었다.

게임 속 세상이 너무 좋아 현실로 돌아가기 싫었다.

 **이제 네 차례야! 다섯 줄로 써 봐!**

○ 월 ○ 일 ○ 요일

 **토끼쌤의 TIP**

① 어떤 게임 속 세계인지 생생하게 상상해서 써 봐.
② 주인공이 되어 겪은 긴장감 넘치는 모험을 자세히 써 봐.
③ 현실로 돌아왔을 때의 느낌이나 바람도 정리해 봐.

14

편지를 펴 보니 미래의 나에게서 온 것이었다면?

 **글쓰기 천재 토끼쌤은 어떻게 썼을까?**

책상 위에 놓인 편지를 펴 보니 보내는 사람이 '미래의 나'였다.

편지에는 내가 어떤 어른이 되었고, 꿈을 이루었다는 내용이 있었다.

신기했지만 아직 모르는 미래가 조금 두렵기도 했다.

마지막에는 "열심히 하면 멋진 미래가 올 거야!"라는 말이 적혀 있었다.

미래의 나를 위해 지금 더 노력해야겠다고 생각했다.

 **이제 네 차례야! 다섯 줄로 써 봐!**

( ) 월 ( ) 일 ( ) 요일

 **토끼쌤의 TIP**

① 편지에 어떤 내용이 적혀 있었는지 자세히 써 봐.
② 미래의 내가 어떤 모습일지 상상해서 표현해 봐.
③ 편지를 읽고 내가 어떤 마음이 들었는지 정리해 봐.

도깨비방망이를 줍는다면 가장 먼저 할 일은?

글쓰기 천재 토끼쌤은 어떻게 썼을까?

길에서 반짝이는 도깨비방망이를 주웠다.

소원을 빌자 눈앞에 피자와 아이스크림이 가득 쌓였다.

너무 신나서 계속 소원을 빌었지만 갑자기 방망이가 사라졌다.

함께 사라진 음식들을 생각하니 아쉬움이 밀려왔다.

노력 없이 얻은 것은 오래가지 않는다는 걸 깨달았다.

이제 네 차례야! 다섯 줄로 써 봐!

◯ 월 ◯ 일 ◯ 요일

토끼쌤의 TIP

① 도깨비방망이를 어떻게 발견했는지 과정을 자세히 써 봐.
② 방망이로 이룬 소원이 어떤 모습이었는지 생생하게 표현해 봐.
③ 방망이를 잃은 뒤 느낀 감정이나 배운 점을 마무리에 담아 봐.

투명 인간이 된 하루

 **글쓰기 천재 토끼쌤은 어떻게 썼을까?**

아침에 일어나 거울을 보니 내 모습이 보이지 않았다.

투명 인간이 된 걸 알고 친구들을 놀라게 하며 신나게 돌아다녔다.

하지만 아무도 나를 보지 못해 점점 외롭고 심심해졌다.

하루가 지나자 다시 원래 모습으로 돌아왔다.

남이 나를 알아봐 주는 것이 얼마나 소중한지 알게 되었다.

 **이제 네 차례야! 다섯 줄로 써 봐!**

○ 월　○ 일　○ 요일

 **토끼쌤의 TIP**

① 투명 인간이 된 순간의 놀라운 느낌을 생생하게 써 봐.
② 남몰래 해 본 특별한 일이나 장난을 재미있게 표현해 봐.
③ 보이지 않을 때 느낀 외로움이나 소중한 깨달음을 정리해 봐.

시간이 멈춘다면 무엇을 할까?

 **글쓰기 천재 토끼쌤은 어떻게 썼을까?**

어느 순간 내 주변의 시간이 멈춰 버렸다.
사람들도 가만히 멈춰 있고, 자동차도 움직이지 않았다.
처음에는 신기하고 재미있어서 여기저기 돌아다니며 장난을 쳤다.
하지만 시간이 멈춘 채로는 아무와도 말할 수 없어 점점 지루해졌다.
결국 시간은 흘러야 더 즐겁고 소중하다는 걸 깨달았다.

 **이제 네 차례야! 다섯 줄로 써 봐!**

○ 월 ○ 일 ○ 요일

토끼쌤의 TIP

① 시간이 멈춘 순간의 모습과 기분을 생생하게 써 봐.
② 시간이 멈춘 세상에서 해 본 특별한 일을 재미있게 표현해 봐.
③ 시간이 흐르지 않으면 어떤 점이 불편할지도 생각해 봐.

18

우리 가족이
우주여행을 떠난다면?

글쓰기 천재 토끼쌤은 어떻게 썼을까?

어느 날 우리 가족은 로켓을 타고 우주여행을 떠났다.
달에 착륙해 가볍게 점프하고, 반짝이는 별들을 가까이서 보았다.
신기하고 멋졌지만 중력이 약해 움직이기가 어려웠다.
지구로 돌아오니 익숙한 공기와 풍경이 반갑게 느껴졌다.
우주는 놀라웠지만 역시 가장 편한 곳은 우리 집이었다.

이제 네 차례야! 다섯 줄로 써 봐!

○ 월 ○ 일 ○ 요일

토끼쌤의 TIP

① 우주에서 겪은 신기한 일이나 풍경을 생생하게 써 봐.
② 가족과 함께한 재미있는 순간이나 대화를 넣어 봐.
③ 지구로 돌아온 뒤 느낀 점을 따뜻하게 표현해 봐.

19

세상에서 가장 재미있는 하루를 만든다면?

글쓰기 천재 토끼쌤은 어떻게 썼을까?

가장 재미있는 하루는 내가 원하는 것을 모두 할 수 있는 날이다.

친구와 놀이기구를 타고, 먹고 싶은 음식도 맘껏 먹었다.

신나게 놀면서 시간 가는 줄 몰랐다.

하지만 밤이 되자 피곤해졌고, 집에서 푹 쉬고 싶어졌다.

즐거움도 좋지만 평범한 하루도 소중하다는 걸 느꼈다.

이제 네 차례야! 다섯 줄로 써 봐!

( ) 월 ( ) 일 ( ) 요일

토끼쌤의 TIP

① 내가 하고 싶은 일이나 가고 싶은 곳을 상상해서 써 봐.
② 그 하루 동안 있었던 즐거운 일들을 순서대로 표현해 봐.
③ 재미있는 하루가 끝난 뒤의 느낌도 솔직하게 써 봐.

내가 그린 그림 속 캐릭터가 살아났다!

글쓰기 천재 토끼쌤은 어떻게 썼을까?

내가 그린 캐릭터가 갑자기 살아나 움직이기 시작했다.

캐릭터는 방을 돌아다니며 신나게 뛰어놀았다.

웃기긴 했지만 방이 엉망이 되어 당황했다.

결국 캐릭터를 다시 그림 속으로 돌려보냈다.

그림이 살아나는 것은 즐겁지만 귀찮은 일이라는 생각이 들었다.

이제 네 차례야! 다섯 줄로 써 봐!

◯월 ◯일 ◯요일

토끼쌤의 TIP

① 어떤 캐릭터를 그렸는지 생김새와 성격을 자세히 써 봐.
② 캐릭터가 살아난 뒤 벌어진 신기하고 엉뚱한 일을 표현해 봐.
③ 캐릭터와 함께한 시간이 끝난 뒤의 느낌이나 생각을 정리해 봐.

21

내가 초콜릿 나라의 왕(여왕)이 된다면?

 **글쓰기 천재 토끼쌤은 어떻게 썼을까?**

꿈에 그리던 초콜릿 나라의 여왕이 되었다.
그 나라 사람들은 초콜릿 마시멜로 구름을 타고 다녔다.
나는 시간이 날 때면 초콜릿 강에서 초콜릿 배를 탔다.
하지만 초콜릿 냄새를 너무 많이 맡다 보니 질려 버렸다.
결국 나는 초콜릿을 싫어하는 초콜릿 여왕이 되고 말았다.

 **이제 네 차례야! 다섯 줄로 써 봐!**

◯ 월 ◯ 일 ◯ 요일

 **토끼쌤의 TIP**

① 초콜릿 나라에는 어떤 특별한 장소나 물건이 있을지 상상해 봐.
② 왕(여왕)이 된 나는 어떤 규칙을 만들고, 어떤 일을 할지 생각해 봐.
③ 초콜릿 나라에서 겪은 재미있는 일이나 예상하지 못한 사건을 떠올려 봐.

엘리베이터에서 내렸는데 다른 세계라면?

글쓰기 천재 토끼쌤은 어떻게 썼을까?

어느 날 학교 끝나고 엘리베이터를 탔는데 이상한 세계에 도착했다.

하늘에는 물고기가 날고, 길에는 말하는 꽃들이 인사하며 다가왔다.

처음에는 무섭고 당황했지만 점점 신기하고 재미있었다.

나는 꽃들의 도움으로 다시 집에 돌아올 수 있었다.

그 뒤로 나는 엘리베이터 앞에 서면 가슴이 두근거린다.

이제 네 차례야! 다섯 줄로 써 봐!

○ 월 ○ 일 ○ 요일

토끼쌤의 TIP
① 엘리베이터 문이 열렸을 때 그곳은 어떤 모습이었는지 상상해 봐.
② 그 세계에서 누구를 만나고, 어떤 일을 겪었는지 떠올려 봐.
③ 다시 현실로 돌아오고 나서 어떤 기분이 들었는지 표현해 봐.

23
학교 뒷산에서 보물을 발견했다면?

 **글쓰기 천재 토끼쌤은 어떻게 썼을까?**

어느 날 친구들과 학교 뒷산에 놀러 갔다.
나무 밑을 파 보니 반짝이는 보물 상자가 나왔다.
깜짝 놀랐지만 무척 신나고 설레었다.
우리는 보물 상자를 선생님께 가져가서 함께 열어 보았다.
상자에는 "진짜 보물은 운동장에 있다."라는 쪽지가 들어 있었다.

 **이제 네 차례야! 다섯 줄로 써 봐!**

○ 월   ○ 일   ○ 요일

 **토끼쌤의 TIP**

① 보물 상자를 발견한 순간, 주변 모습과 내 기분은 어땠는지 떠올려 봐.
② 보물 상자 안에 어떤 물건이나 쪽지가 들어 있을지 상상해 봐.
③ 이 사건을 겪고 난 뒤, 어떤 일이 벌어졌는지 상상해 봐.

24. 말하는 동물 친구를 만나게 된다면?

글쓰기 천재 토끼쌤은 어떻게 썼을까?

학교 가는 길에 마주친 작은 고양이가 나에게 말을 걸었다.

고양이는 사람들이 모르는 동물들의 비밀 장소로 나를 데려갔다.

비밀 장소로 가는 길은 약간 무서웠지만 살짝 기대되기도 했다.

비밀 장소에서 나는 말하는 여러 동물을 보았다.

동물들은 실제로는 말할 수 있지만 못하는 척하는 게 아닐까?

이제 네 차례야! 다섯 줄로 써 봐!

○ 월　○ 일　○ 요일

토끼쌤의 TIP

① 어떤 동물을 만나고, 어떻게 말을 걸어왔는지 상상해 봐.
② 그 동물과 함께 어디에 가고, 무슨 특별한 일을 했는지 떠올려 봐.
③ 동물 친구를 만난 뒤 내 마음이나 생각이 어떻게 달라졌는지 써 봐.

2장
설명하는 글
(설명문, 소개하는 글 등)
→ 정보를 명확히 정리하는 힘

★ 설명하는 글 ★
다섯 줄 글쓰기 공식

 소개할 대상의 이름(사물, 동물, 장소 등)

 대상의 특징 1(기능, 역할, 쓰임새 등)

 대상의 특징 2(구조, 장점, 사용 방법 등)

 대상의 특징 3(그 밖의 다른 특징)

 설명하는 대상에 대한 의견이나 느낀 점

설명하는 글, 어떻게 다섯 줄로 쉽게 쓸 수 있을까?

설명하는 글은 어떤 대상에 대해 자세히 알려 주는 글이에요. 설명하는 글에서는 다음과 같이 '다섯 줄 글쓰기 공식'을 적용하면 돼요.

첫째, 소개할 대상의 이름을 먼저 써요.
설명하려는 것이 사물, 동물, 장소 등 무엇인지 먼저 알려 줘야 해요. 예를 들어, "나는 강아지를 소개하려고 한다."처럼 시작하면 돼요.

둘째, 대상의 주요 특징을 설명해요.
이 대상이 어떤 기능을 하거나, 어디에 쓰이는지 알려 줘요. 예를 들어, "강아지는 사람과 친근하게 지내며, 반려동물로 많이 키운다."처럼 말이죠.

셋째, 대상의 구조나 장점을 적어요.
예를 들어, "강아지는 네 발로 뛰어다니고, 후각이 매우 뛰어나다."처럼 대상의 생김새나 특별한 장점, 사용 방법을 설명하면 좋아요.

넷째, 대상의 다른 특징을 추가해요.
예를 들어, "강아지는 꼬리를 흔들며 기분을 표현하고, 다양한 종류가 있다."처럼 추가로 재미있는 정보나 다른 특징을 넣으면 글이 더 풍부해져요.

다섯째, 내 의견이나 느낀 점을 써요.
마지막에는 설명하는 대상에 대한 내 생각이나 느낌을 정리하면 돼요. 예를 들어, "강아지는 사람과 친하고, 함께하면 기분이 좋아지는 동물이다."처럼요.

이렇게 다섯 줄로 쓰면 대상에 대해 짧고 정확하게 설명할 수 있어요.

01

가장 맛있는 라면을 만드는 방법

 **글쓰기 천재 토끼쌤은 어떻게 썼을까?**

먼저 맛있는 재료와 적당한 조리법이 필요하다.

냄비에 물을 끓인 후, 스프를 넣어 국물을 진하게 만든다.

면을 넣고 적당히 익히고 나서 달걀이나 치즈를 추가한다.

면이 퍼지지 않도록 적당히 익었을 때 불을 끈다.

이렇게 만든 라면은 국물이 진하고 맛있다.

 **이제 네 차례야! 다섯 줄로 써 봐!**

○ 월   ○ 일   ○ 요일

 **토끼쌤의 TIP**

① 먼저 무엇부터 해야 하는지 순서를 정해 써 봐.
② 재료나 비법을 하나씩 자세히 소개해 봐.
③ 마지막에는 완성된 모습이나 맛에 대한 느낌도 써 봐.

02 우리 집(또는 내 방)을 소개합니다!

 **글쓰기 천재 토끼쌤은 어떻게 썼을까?**

우리 집은 가족과 함께 지내는 소중한 공간이다.
거실에는 커다란 소파와 TV가 있어 온 가족이 함께 시간을 보낸다.
내 방에는 책상과 침대가 있고, 좋아하는 책과 장난감이 가득하다.
창문을 열면 시원한 바람이 들어오고, 햇살이 방을 따뜻하게 비춘다.
우리 집은 언제나 편안하고, 나에게 가장 소중한 장소다.

 **이제 네 차례야! 다섯 줄로 써 봐!**

○ 월 ○ 일 ○ 요일

 **토끼쌤의 TIP**
① 우리 집이나 내 방의 전체 모습을 먼저 소개해 봐.
② 방 안의 물건이나 구조를 순서대로 자세히 설명해 봐.
③ 내가 그 공간에서 느끼는 기분이나 좋아하는 점도 써 봐.

100년 후 미래의 학교는?

글쓰기 천재 토끼쌤은 어떻게 썼을까?

미래의 학교는 첨단 기술로 가득한 신기한 공간일 것이다.

교실에는 로봇 선생님이 있어 학생들에게 맞춤형 수업을 해 준다.

책 대신 홀로그램이 떠오르는 스마트 책상이 있다.

학생들은 우주여행을 하며 직접 행성을 탐험하는 체험 학습도 한다.

미래의 학교는 더욱 재미있고 신나는 배움의 공간일 것 같다.

이제 네 차례야! 다섯 줄로 써 봐!

◯ 월　◯ 일　◯ 요일

토끼쌤의 TIP

① 미래 학교의 모습이나 기술을 상상해서 하나씩 설명해 봐.
② 지금 학교와 어떤 점이 다른지도 비교해서 써 봐.
③ 그 학교에서 배우는 느낌이나 하고 싶은 활동도 써 봐.

04
내 친구들의 재미있는 별명을 소개합니다!

 **글쓰기 천재 토끼쌤은 어떻게 썼을까?**

내 친구들에게는 개성 넘치는 재미있는 별명들이 있다.

한 친구는 달리기를 정말 잘해서 '번개'라는 별명을 가지고 있다.

또 다른 친구는 웃을 때 얼굴이 빨개져서 '토마토'라고 불린다.

별명은 친구들의 특징을 잘 나타내고, 부를 때마다 즐겁다.

친구들의 별명을 부르며 함께 웃을 때 우정이 더 깊어지는 것 같다.

 **이제 네 차례야! 다섯 줄로 써 봐!** 　　월　　일　　요일

 **토끼쌤의 TIP**
① 친구의 별명과 그 별명이 생긴 이유를 재미있게 써 봐.
② 별명을 들으면 떠오르는 친구의 행동이나 모습을 함께 표현해 봐.
③ 그 별명을 부르며 느끼는 즐거움이나 우정을 마지막에 담아 봐.

05

내가 가장 좋아하는 음식은?

글쓰기 천재 토끼쌤은 어떻게 썼을까?

내가 가장 좋아하는 음식은 바삭하고 고소한 치킨이다.
튀김옷이 바삭하고 속은 부드러워 한 입 베어 물면 정말 맛있다.
양념, 간장, 허니 등 다양한 맛이 있어 골라 먹는 재미가 있다.
친구들과 함께 먹으면 더 맛있고, 축구 경기 볼 때도 잘 어울린다.
치킨은 언제 먹어도 맛있고, 생각만 해도 행복한 음식이다.

이제 네 차례야! 다섯 줄로 써 봐!

( ) 월 ( ) 일 ( ) 요일

토끼쌤의 TIP

① 어떤 음식인지 이름과 생김새, 맛을 자세히 써 봐.
② 그 음식을 언제, 누구와, 어떻게 먹는지 떠올려 봐.
③ 그 음식을 먹을 때의 기분이나 그 음식을 먹는 특별한 이유도 함께 써 봐.

06

나의 베스트 프렌드는?

 **글쓰기 천재 토끼쌤은 어떻게 썼을까?**

나의 베스트 프렌드는 같은 반 친구인 민호다.

민호는 항상 나를 먼저 챙겨 주고, 고민이 있을 때 조언해 준다.

또 달리기도 잘해서 운동장에서 함께 뛰놀 때 정말 신난다.

우린 가끔 다투기도 하지만 금방 화해하는 편이다.

민호와 함께라면 어떤 순간도 즐겁고 소중하다

 **이제 네 차례야! 다섯 줄로 써 봐!**

◯ 월   ◯ 일   ◯ 요일

 **토끼쌤의 TIP**

① 베스트 프렌드가 누구인지, 어떤 점이 특별한지 써 봐.
② 친구와 함께한 추억 중 기억에 남는 일을 자세히 써 봐.
③ 그 친구를 생각하면 떠오르는 감정이나 고마운 마음도 표현해 봐.

07

절대 먹고 싶지 않은 음식 세 가지

 **글쓰기 천재 토끼쌤은 어떻게 썼을까?**

절대 먹고 싶지 않은 세 가지 음식은 고추, 가지, 그리고 해산물이다.

매운 고추는 한 입만 먹어도 입이 화끈거려서 너무 힘들다.

가지는 물컹한 식감 때문에 씹을 때마다 이상한 느낌이 든다.

해산물은 비린 냄새 때문에 먹고 싶지 않다.

이 세 가지를 좋아하는 사람도 있겠지만 나는 절대 먹고 싶지 않다.

 **이제 네 차례야! 다섯 줄로 써 봐!**

( ) 월 ( ) 일 ( ) 요일

토끼쌤의 TIP

① 먹기 싫은 음식을 먼저 세 가지 고르고, 각각 이름을 써 봐.
② 왜 그 음식을 싫어하는지 맛이나 냄새, 식감을 자세히 써 봐.
③ 내 입맛은 어떤지, 다른 사람과 다른 점도 함께 생각해 봐.

08

외계인 친구에게
'지구의 음식' 설명하기

 **글쓰기 천재 토끼쌤은 어떻게 썼을까?**

외계인 친구에게 지구에서 가장 인기 있는 음식을 소개해 주었다.

피자는 치즈와 다양한 토핑이 올라가 있어 남녀노소 모두 좋아한다.

김치는 매콤하고 아삭한 맛이 특징이며, 밥과 먹으면 더 맛있다.

아이스크림은 차갑고 달콤해서 더운 날 먹으면 딱 좋다.

외계인 친구도 지구 음식을 맛보고 싶다고 했다.

 **이제 네 차례야! 다섯 줄로 써 봐!**

◯ 월   ◯ 일   ◯ 요일

 **토끼쌤의 TIP**

① 외계인이 처음 듣는다고 생각하고 음식의 생김새부터 쉽게 설명해 봐.
② 맛, 냄새, 먹는 방법까지 자세히 알려 주는 문장을 써 봐.
③ 외계인이 궁금해할 만한 반응이나 느낌도 상상해서 써 봐.

09 내가 가장 좋아하는 운동과 이유

 **글쓰기 천재 토끼쌤은 어떻게 썼을까?**

내가 가장 좋아하는 운동은 축구다.

축구는 팀원들과 함께 공을 패스하며 골을 넣는 운동이다.

축구를 하면 몸이 튼튼해지고 스트레스도 풀린다.

규칙이 간단하고 친구들과 함께 즐길 수 있어 더욱 재미있다.

그래서 나는 시간이 날 때마다 친구들과 축구를 한다.

 **이제 네 차례야! 다섯 줄로 써 봐!**   월   일   요일

 **토끼쌤의 TIP**

① 어떤 운동인지 이름과 간단한 방법부터 소개해 봐.
② 그 운동을 하면 좋은 점이나 그 운동을 할 때의 기분을 써 봐.
③ 왜 그 운동이 다른 것보다 더 좋은지 나만의 이유도 말해 봐.

10

내가 키우고 싶은 동물은?

 **글쓰기 천재 토끼쌤은 어떻게 썼을까?**

내가 키우고 싶은 동물은 귀엽고 똑똑한 강아지다.

강아지는 주인을 잘 따르고 함께 놀 수 있는 친구다.

물론 산책을 자주 해 줘야 하지만 그 덕분에 운동도 할 수 있다.

그래서 강아지를 동물이 아닌 가족으로 생각하는 집도 많다.

강아지를 키우면 외롭지 않고, 즐거운 순간이 더 많아지지 않을까?

 **이제 네 차례야! 다섯 줄로 써 봐!**

월 일 요일

 **토끼쌤의 TIP**
① 어떤 동물을 키우고 싶은지, 생김새나 특징을 소개해 봐.
② 그 동물을 키우면 어떤 좋은 점이 있는지 써 봐.
③ 동물을 키우기 위해 필요한 책임감이나 마음가짐도 함께 생각해 봐.

11

우리 동네에서
꼭 가 봐야 할 곳

 **글쓰기 천재 토끼쌤은 어떻게 썼을까?**

우리 동네에서 꼭 가 봐야 할 곳은 연못이 있는 공원이다.

산책로와 운동 시설이 있어 누구나 즐길 수 있다.

연못에는 오리가 헤엄치고, 나무가 많아 공기가 맑다.

놀이기구와 잔디밭도 있어 뛰어놀기 좋다.

자연을 느끼며 쉬기에 딱 좋아 다른 동네 사람들에게 추천하고 싶다.

 **이제 네 차례야! 다섯 줄로 써 봐!**

◯ 월 ◯ 일 ◯ 요일

 **토끼쌤의 TIP**

① 어떤 곳인지 이름과 위치, 특징을 먼저 소개해 봐.
② 그곳에서 할 수 있는 활동이나 즐길 거리를 자세히 써 봐.
③ 왜 추천하고 싶은지 내 생각과 느낌도 함께 써 봐.

최악의 학급 규칙 만들기

글쓰기 천재 토끼쌤은 어떻게 썼을까?

최악의 학급 규칙은 쉬는 시간 없이 수업만 하기다.
이 규칙이 생기면 계속 공부만 해야 해서 너무 힘들 것이다.
친구들과 이야기할 시간도 없어 답답할 것이다.
게다가 운동을 하지 않으면 건강도 나빠질 수 있다.
그래서 이런 규칙은 절대 생기면 안 된다.

이제 네 차례야! 다섯 줄로 써 봐!

◯ 월 ◯ 일 ◯ 요일

토끼쌤의 TIP

① 정말 말도 안 되는 학급 규칙을 하나 정해 상상해 봐.
② 그 규칙이 생기면 생길 문제나 불편함을 자세히 써 봐.
③ 왜 그 규칙이 나쁘다고 생각하는지 내 의견도 덧붙여 봐.

13 내가 생각하는 최고의 생일 파티

 **글쓰기 천재 토끼쌤은 어떻게 썼을까?**

최고의 생일 파티는 놀이공원에서 여는 파티다.
친구들과 함께 놀이기구를 타며 신나게 놀 수 있다.
맛있는 식당에서 어린이들을 위한 음식도 먹을 수 있다.
이곳에서는 멋진 의상을 입은 사람들의 행진 공연도 볼 수 있다.
이렇게 즐거운 생일이라면 평생 잊지 못할 것 같다.

 **이제 네 차례야! 다섯 줄로 써 봐!** 　월　　일　　요일

 **토끼쌤의 TIP**
① 어디에서 열리는 생일 파티인지 장소부터 정해 써 봐.
② 파티에서 할 수 있는 활동이나 재미있는 순간을 자세히 써 봐.
③ 그 생일 파티가 왜 최고의 파티라고 생각하는지도 함께 써 봐.

14

소중한 지구를 지키는 방법

 **글쓰기 천재 토끼쌤은 어떻게 썼을까?**

지구를 지키는 방법은 환경을 보호하는 작은 실천을 하는 것이다.

먼저 재활용을 잘해서 쓰레기를 줄인다.

나무를 심고, 전기를 아껴 쓰는 것도 도움을 줄 수 있다.

매연을 줄이기 위해 대중교통을 많이 이용하는 것도 좋다.

모두가 함께 이런 노력을 하면 지구를 지킬 수 있지 않을까?

 **이제 네 차례야! 다섯 줄로 써 봐!**　　　　　　월　　　일　　　요일

 **토끼쌤의 TIP**
① 지구를 지키기 위해 할 수 있는 행동을 하나씩 떠올려 써 봐.
② 왜 그 행동이 환경에 도움이 되는지도 함께 설명해 봐.
③ 나뿐만 아니라 모두가 실천하면 어떤 변화가 생길지도 생각해 봐.

우주에는 어떤 신기한 것이 있을까?

글쓰기 천재 토끼쌤은 어떻게 썼을까?

우주에는 신기하고 놀라운 것들이 가득하다.

먼저 빛조차 빠져나올 수 없는 거대한 블랙홀이 있다.

여러 색으로 빛나는 아름다운 성운도 존재한다.

땅이 없고 모두 가스로 이루어진 행성도 있다.

우주는 끝없이 넓고 신비로워서 계속해서 연구해야 한다.

이제 네 차례야! 다섯 줄로 써 봐!

○ 월　○ 일　○ 요일

토끼쌤의 TIP

① 우주에 있는 특별한 것들 중 하나를 골라 설명해 봐.
② 그게 왜 신기하고 놀라운지 쉽게 풀어 써 봐.
③ 우주를 보며 느낀 생각이나 궁금한 점도 함께 써 봐.

16

내가 주인공이 되는 게임을 만든다면?

 **글쓰기 천재 토끼쌤은 어떻게 썼을까?**

나는 신나는 모험 게임을 만들고 싶다.

게임 속에서 용사가 되어 마법을 사용하며 악당들을 물리친다.

다양한 미션을 수행하며 새로운 무기와 능력을 얻는다.

이 게임에는 팀을 이루어 보물을 찾는 멀티플레이 모드도 있다.

이런 게임이 있다면 하루 종일 해도 질리지 않을 것 같다.

 **이제 네 차례야! 다섯 줄로 써 봐!**

　월　　일　　요일

 **토끼쌤의 TIP**

① 어떤 장르의 게임인지, 게임 속 배경이나 목표를 소개해 봐.
② 내가 주인공이 되어 할 수 있는 특별한 능력이나 활동을 써 봐.
③ 이 게임만의 특별한 재미나 규칙도 함께 설명해 봐.

17

인터넷 없는 세상에서 사는 법

글쓰기 천재 토끼쌤은 어떻게 썼을까?

인터넷이 없는 세상에서는 다른 방법으로 즐겁게 생활해야 한다.
책을 읽거나 친구들과 밖에서 뛰어놀며 시간을 보낸다.
가족들과 보드게임을 하거나 전통 놀이를 할 수도 있다.
인터넷을 하는 대신 가족과 함께 요리를 만들 수도 있다.
인터넷이 없으면 불편하지만 지금보다 여유로워지지 않을까?

이제 네 차례야! 다섯 줄로 써 봐!

◯ 월   ◯ 일   ◯ 요일

토끼쌤의 TIP

① 인터넷 없이 지내야 한다면 무엇이 불편할지 먼저 생각해 봐.
② 대신 무엇을 하며 시간을 보내면 좋을지 구체적으로 써 봐.
③ 그런 생활이 주는 좋은 점이나 느낌도 함께 표현해 봐.

내가 발명한 기발한 물건

 **글쓰기 천재 토끼쌤은 어떻게 썼을까?**

내가 발명한 기발한 물건은 숙제 자동 완성 펜이다.

이 펜을 사용하면 노력하지 않고 숙제를 끝낼 수 있다.

직접 쓰지 않기 때문에 손이 아플 일도 없다.

글씨체도 예쁘게 써 줘서 선생님께 칭찬받기도 쉽다.

이 펜이 있다면 숙제를 두려워할 필요가 없다.

 **이제 네 차례야! 다섯 줄로 써 봐!**

( ) 월 ( ) 일 ( ) 요일

 **토끼쌤의 TIP**

① 어떤 물건인지 이름과 생김새를 상상해서 써 봐.
② 이 물건이 어떤 문제를 해결해 주는지 자세히 설명해 봐.
③ 이 물건을 사용하면 얼마나 편리해지는지도 함께 써 봐.

내가 좋아하는 계절은?

 **글쓰기 천재 토끼쌤은 어떻게 썼을까?**

내가 좋아하는 계절은 시원한 바람이 부는 가을이다.

가을에는 하늘이 맑고 단풍이 아름답게 물든다.

날씨가 선선해서 야외에서 놀거나 운동하기 좋다.

맛있는 과일과 군고구마 같은 간식도 먹을 수 있다.

그래서 나는 가을이 오면 기분이 좋아지고 설렌다.

 **이제 네 차례야! 다섯 줄로 써 봐!**

○ 월 ○ 일 ○ 요일

 **토끼쌤의 TIP**

① 좋아하는 계절의 날씨나 자연의 모습을 먼저 설명해 봐.
② 그 계절에만 할 수 있는 특별한 활동이나 놀이를 써 봐.
③ 그 계절이 오면 기분이 어떤지도 마지막에 표현해 봐.

20

미래의 스마트폰에는 어떤 기능이 있을까?

 **글쓰기 천재 토끼쌤은 어떻게 썼을까?**

미래의 스마트폰에는 지금보다 더 놀라운 기능이 있을 것이다.
하나, 생각만으로 명령을 알아듣는 인공지능 기능이다.
둘, 공중에 홀로그램으로 화면을 보여 주는 기능이다.
셋, 배터리를 태양광으로 충전할 수 있는 기능이다.
이런 스마트폰이 있다면 생활이 훨씬 편리해질 것 같다.

 **이제 네 차례야! 다섯 줄로 써 봐!**

( ) 월 ( ) 일 ( ) 요일

 **토끼쌤의 TIP**
① 지금의 스마트폰과 다른 점이 무엇인지 떠올려 비교해 봐.
② 새롭게 추가된 기능을 하나씩 구체적으로 소개해 봐.
③ 그 기능이 우리의 생활을 어떻게 편하게 만드는지도 써 봐.

21 우리 학교 급식 자랑하기

글쓰기 천재 토끼쌤은 어떻게 썼을까?

우리 학교 급식은 맛있고 다양해서 자랑할 만하다.
밥, 국, 반찬, 후식까지 골고루 나와서 먹는 맛이 난다.
밥은 김이 모락모락, 반찬도 따뜻하게 나와서 더 맛있다.
가끔 특별한 날에는 떡볶이나 마라탕 같은 음식도 나온다.
그래서 나는 학교에서 급식 먹는 시간이 가장 기다려진다.

이제 네 차례야! 다섯 줄로 써 봐!

( ) 월 ( ) 일 ( ) 요일

토끼쌤의 TIP
① 급식에서 가장 맛있거나 기억에 남는 메뉴는 무엇인지 떠올려 봐.
② 급식이 나오는 모습이나 분위기가 어떤지 자세히 설명해 봐.
③ 우리 학교 급식만의 특별한 점이 있다면 무엇인지 소개해 봐.

22

내가 좋아하는 (게임 속) 캐릭터

 **글쓰기 천재 토끼쌤은 어떻게 썼을까?**

내가 좋아하는 캐릭터는 마인크래프트의 스티브다.

스티브는 블록을 쌓으며 집을 짓고 모험을 할 수 있는 캐릭터다.

사각형 몸으로 어디든 다닐 수 있고, 몬스터와 싸울 수 있다.

옷을 바꾸거나 능력을 추가해 나만의 스티브를 만들 수도 있다.

나는 캐릭터인 스티브가 너무 좋아 꼭 친구같이 느껴진다.

 **이제 네 차례야! 다섯 줄로 써 봐!**

○ 월 ○ 일 ○ 요일

 **토끼쌤의 TIP**

① 이 캐릭터는 어떤 모습이고, 어떻게 생겼는지 자세히 떠올려 봐.
② 이 캐릭터가 할 수 있는 일이나 특별한 능력은 무엇인지 소개해 봐.
③ 이 캐릭터를 좋아하는 이유는 무엇인지 솔직하게 말해 봐.

23

꼭 먹어 봐야 하는 맛있는 간식

 **글쓰기 천재 토끼쌤은 어떻게 썼을까?**

꼭 먹어 봐야 하는 맛있는 간식은 호떡이다.

호떡은 배가 고플 때 간편하게 먹을 수 있는 따뜻한 간식이다.

겉은 바삭하고 속에는 달콤한 꿀과 견과류가 들어 있다.

겨울에 호떡을 먹으면 손도 따뜻해지고, 기분도 좋아진다.

냄새도, 맛도 좋은 호떡을 맛있는 간식으로 추천하고 싶다.

 **이제 네 차례야! 다섯 줄로 써 봐!**

○ 월 ○ 일 ○ 요일

 **토끼쌤의 TIP**

① 간식에서 어떤 맛과 냄새가 나는지 자세히 떠올려 봐.
② 겉모습이나 먹었을 때의 식감은 어떤지 생생하게 표현해 봐.
③ 언제, 어디서 먹으면 가장 맛있는 간식인지 소개해 봐.

24
게임을 잘하는 데 필요한 세 가지

 **글쓰기 천재 토끼쌤은 어떻게 썼을까?**

게임을 잘하는 데 필요한 세 가지는 집중력, 손 빠르기, 전략이다.
집중력은 상황을 빠르게 파악하고, 실수를 줄이는 데 도움이 된다.
손 빠르기는 공격하거나 피할 때 필요한 중요한 능력이다.
전략은 어떻게 움직이고 무엇을 선택할지 판단할 때 필요하다.
이 세 가지가 있으면 어떤 게임도 잘할 수 있다고 생각한다.

 **이제 네 차례야! 다섯 줄로 써 봐!**

○ 월　○ 일　○ 요일

 **토끼쌤의 TIP**

① 게임할 때 가장 중요하다고 생각하는 능력은 무엇인지 생각해 봐.
② 그 능력이 게임 속에서 어떻게 쓰이는지 구체적인 상황을 떠올려 봐.
③ 이 능력을 키우면 게임을 어떻게 더 잘할 수 있을지 설명해 봐.

3장

주장하는 글
(의견을 제시하는 글, 논설문 등)

→ 생각을 논리적으로 정리하는 힘

★ 주장하는 글 ★
다섯 줄 글쓰기 공식

 주장하는 핵심 의견

 의견에 대한 이유 1

 의견에 대한 이유 2

 반대 의견에 대한 반박

 한 줄로 정리하는 마무리

주장하는 글, 어떻게 다섯 줄로 쉽게 쓸 수 있을까?

어떤 문제에 대해 내 생각을 말할 때, 단순히 "나는 이렇게 생각해!"라고 말하는 것만으로는 부족해요. 왜 그런 생각을 했는지, 다른 의견이 있다면 어떻게 반박할 것인지까지 논리적으로 정리하는 게 필요하죠. 아래처럼 '다섯 줄 글쓰기 공식'을 사용해 볼까요?

첫째, 주장하는 핵심 의견을 먼저 써요.
예를 들어, "학교에서 체육 수업을 매일 하면 좋다."처럼 내가 주장하는 내용을 한 줄로 분명하게 적어요.
둘째, 의견에 대한 이유를 설명해요.(이유 1)
내 주장을 뒷받침하는 첫 번째 이유를 써요. 예를 들어, "운동을 하면 건강해지고, 집중력이 좋아진다."처럼 말이죠.
셋째, 의견을 더 강하게 만들어요.(이유 2)
두 번째 이유를 추가하면 내 주장이 더 설득력 있어져요. 예를 들어, "체육 시간은 친구들과 협력하며 사회성을 기르는 기회다."처럼 말이죠.
넷째, 반대 의견을 생각하고 반박해요.
내 의견과 다른 의견을 가진 사람이 있을 수 있어요. 그 의견을 반박하면 내 주장이 더 강해질 수 있어요. 예를 들어, "체육 수업이 많으면 공부할 시간이 줄어든다고 하지만 오히려 머리가 맑아져 학습 효과가 높아진다."처럼 말이죠.
다섯째, 내 주장을 다시 강조해 정리해요.
예를 들어, "건강과 협동심을 키우기 위해 체육 수업을 늘리는 것이 좋다."처럼 내 주장을 다시 강조하면서 글을 끝내요.

이렇게 다섯 줄로 쓰면 내 의견을 조리 있게 정리하고, 다른 사람을 설득할 수 있어요.

01

초콜릿을 매일 먹어도 괜찮을까?

 **글쓰기 천재 토끼쌤은 어떻게 썼을까?**

초콜릿을 매일 먹는 건 건강에 좋지 않으므로 적당히 먹어야 한다.
초콜릿에는 설탕이 많아 자주 먹으면 충치가 생긴다.
또 너무 많이 먹으면 살이 찌고, 건강에 해로울 수 있다.
초콜릿이 기분을 좋게 하고 에너지를 주지만 과식해선 안 된다.
그래서 초콜릿은 가끔 적당히 먹는 것이 가장 좋다.

 **이제 네 차례야! 다섯 줄로 써 봐!**

◯ 월 ◯ 일 ◯ 요일

 **토끼쌤의 TIP**
① 초콜릿을 매일 먹으면 어떤 일이 생길지 떠올려 봐.
② 친구나 내 경험을 떠올리며 이유를 써 봐.
③ 초콜릿을 얼마나 먹는 게 좋을지 정해 봐.

02

게임은 몇 시간 하는 것이 좋을까?

 **글쓰기 천재 토끼쌤은 어떻게 썼을까?**

게임은 하루에 1시간 정도가 적당하다.

너무 오래 하면 눈이 피로해지고 건강에 좋지 않다.

또 숙제나 다른 할 일을 미루게 되어 생활에 지장이 생길 수 있다.

물론 게임이 스트레스 해소에 도움이 되지만 많이 할 필요는 없다.

그래서 게임을 하되 시간을 잘 조절해서 해야 한다.

 **이제 네 차례야! 다섯 줄로 써 봐!**

　　　월　　　일　　　요일

 **토끼쌤의 TIP**
① 게임을 오래 했을 때 생기는 문제를 떠올려 봐.
② 내 경험이나 주변 친구 이야기를 떠올려 봐.
③ 적당한 게임 시간은 몇 시간일지 정해 봐.

03

좋아하는 유튜브를 하루 종일 봐도 될까?

 **글쓰기 천재 토끼쌤은 어떻게 썼을까?**

유튜브를 하루 종일 보는 것은 좋지 않다.

너무 오래 보면 눈이 피로해지고 건강에 나쁜 영향을 줄 수 있다.

숙제나 운동할 시간이 부족해져 생활 습관이 나빠질 수도 있다.

유익한 정보를 얻을 수도 있지만 그럴 때는 많지 않다.

그래서 유튜브는 시간을 정해 적절히 시청하는 것이 중요하다.

 **이제 네 차례야! 다섯 줄로 써 봐!**

( ) 월 ( ) 일 ( ) 요일

 **토끼쌤의 TIP**

① 유튜브를 오래 보면 어떤 점이 걱정되는지 생각해 봐.
② 유튜브 말고도 하루에 해야 할 일이 뭐가 있는지 떠올려 봐.
③ 하루에 유튜브 보는 시간으로 어느 정도가 적당할지 정해 봐.

04

호랑이 vs 사자, 싸우면 누가 이길까?

 **글쓰기 천재 토끼쌤은 어떻게 썼을까?**

호랑이가 사자보다 싸움에서 이길 가능성이 높다.

호랑이는 사자보다 몸집이 크고 근육이 발달해 힘이 더 세다.

또 혼자 사냥하며 싸우는 기술이 뛰어나 1대1 전투에 강하다.

물론 사자도 강하지만 무리 생활로 인해 혼자 싸우는 경우가 없다.

따라서 강한 체력과 전투 기술을 가진 호랑이가 이길 확률이 높다.

 **이제 네 차례야! 다섯 줄로 써 봐!**

　월　　일　　요일

 **토끼쌤의 TIP**
① 누가 더 강한지 정하고, 그 이유를 먼저 생각해 봐.
② 몸 크기, 사냥 습관 등 비교할 수 있는 점을 찾아봐.
③ 왜 내가 고른 동물이 더 유리한지 확실하게 말해 봐.

05

학교에 놀이공원이 생긴다면? 찬성 vs 반대

글쓰기 천재 토끼쌤은 어떻게 썼을까?

학교에 놀이공원이 생기는 것은 좋지 않다.
놀이기구가 있으면 노는 것에 집중해 학습에 방해가 될 수 있다.
또 놀이공원 관리 비용 때문에 학교 운영이 어려워질 수 있다.
물론 놀이공원이 재밌긴 해도 운동장에서도 충분히 놀 수 있다.
따라서 학교는 공부하는 곳이니 놀이공원은 따로 있는 게 좋다.

이제 네 차례야! 다섯 줄로 써 봐!

월   일   요일

토끼쌤의 TIP

① 학교에 놀이공원이 생기면 일어날 수 있는 문제를 떠올려 봐.
② 공부하는 공간과 노는 공간은 어떻게 달라야 하는지 생각해 봐.
③ 내 생각에 더 어울리는 학교 모습은 어떤지 정리해 봐.

06

로봇이
숙제를 대신 해 줘도 될까?

 **글쓰기 천재 토끼쌤은 어떻게 썼을까?**

로봇이 숙제를 대신 해 주는 것은 좋지 않다.
숙제는 스스로 해야 실력이 늘고, 배운 내용도 이해할 수 있다.
로봇이 대신 하면 편하지만 내 지식이 되지 않아 도움이 안 된다.
시간은 아낄 수 있어도 노력 없이 얻은 것은 오래 남지 않는다.
그래서 숙제는 로봇이 아닌 내가 직접 해야 한다.

 **이제 네 차례야! 다섯 줄로 써 봐!**

◯ 월 ◯ 일 ◯ 요일

 **토끼쌤의 TIP**

① 숙제를 왜 스스로 해야 하는지 먼저 생각해 봐.
② 로봇이 숙제를 대신 해 줄 때 생길 수 있는 문제를 떠올려 봐.
③ 내 실력을 키우려면 어떤 선택이 더 좋을지 정리해 봐.

07

우리 반에서 반려동물을 키워도 될까?

 **글쓰기 천재 토끼쌤은 어떻게 썼을까?**

우리 반에서 반려동물을 키우는 것은 어렵다고 생각한다.

돌보려면 책임이 필요하고, 모두가 신경 쓰기 힘들 수 있다.

알레르기가 있는 친구들에게도 문제가 될 수 있다.

정서적으로 좋을 수 있지만 제대로 돌보지 않으면 오히려 힘들다.

따라서 반려동물은 가정에서 키우는 것이 더 적절하다.

 **이제 네 차례야! 다섯 줄로 써 봐!**

◯ 월 ◯ 일 ◯ 요일

 **토끼쌤의 TIP**

① 동물을 키울 때 필요한 책임을 우리 반이 감당할 수 있을지 생각해 봐.
② 모든 친구가 동물을 좋아하고 돌볼 준비가 되어 있을지 생각해 봐.
③ 동물과 친구들 모두를 위해 더 좋은 방법이 있을지 고민해 봐.

08 점심시간을 2시간으로 늘려도 될까?

 **글쓰기 천재 토끼쌤은 어떻게 썼을까?**

점심시간을 2시간으로 늘리는 것은 좋지 않다.

점심시간이 너무 길면 수업 시간이 줄어들어 학습에 방해가 된다.

또 점심시간 내내 놀게 되면 오후 수업이 힘들어진다.

물론 여유롭게 식사하고 쉬는 건 좋지만 지금 시간도 충분하다.

그래서 점심시간은 지금 정도의 시간이 가장 좋다.

 **이제 네 차례야! 다섯 줄로 써 봐!**

월   일   요일

 **토끼쌤의 TIP**

① 점심시간이 길어지면 수업에 어떤 영향이 있을지 생각해 봐.
② 지금 점심시간에 정말 부족한 점이 있는지 떠올려 봐.
③ 쉬는 시간과 공부 시간을 어떻게 나누는 게 좋을지 정해 봐.

09

내 책상을 내 마음대로 꾸며도 될까?

글쓰기 천재 토끼쌤은 어떻게 썼을까?

내 책상을 내 마음대로 꾸미는 것은 좋다고 생각한다.

책상을 내가 좋아하는 방식으로 꾸미면 공부할 때 집중이 더 잘된다.

나만의 개성이 담긴 공간이 생겨 학교생활이 더 즐거워진다.

너무 화려하게 꾸미면 방해될 수 있지만 적당하면 문제없다.

책상을 꾸며 더 좋은 학습 환경을 만들 수 있을 것이다.

이제 네 차례야! 다섯 줄로 써 봐!

◯ 월   ◯ 일   ◯ 요일

토끼쌤의 TIP

① 책상을 꾸미면 어떤 좋은 점이 있는지 먼저 생각해 봐.
② 다른 친구들에게 방해가 되지 않으려면 어떻게 해야 할지 생각해 봐.
③ 꾸미고 싶은 아이디어와 교실 규칙을 함께 생각해 봐.

10. 체육 수업을 매일 하면 좋을까?

 **글쓰기 천재 토끼쌤은 어떻게 썼을까?**

체육 수업을 매일 하는 것은 좋다고 생각한다.

운동을 하면 몸이 튼튼해지고, 건강에 도움이 된다.

친구들과 함께 뛰어놀면서 스트레스를 해소할 수도 있다.

공부 시간도 중요하지만 운동을 하면 집중력이 더 좋아질 수 있다.

체육 수업을 매일 하면 더 건강하고 즐거운 학교생활이 될 것이다.

 **이제 네 차례야! 다섯 줄로 써 봐!**

( ) 월 ( ) 일 ( ) 요일

 **토끼쌤의 TIP**

① 매일 체육 수업을 하면 몸과 마음에 어떤 좋은 점이 있을지 생각해 봐.
② 운동이 공부에 어떤 도움을 줄 수 있을지 생각해 봐.
③ 체육 수업이 많아져도 다른 과목 공부에 지장이 없을지 생각해 봐.

11

친구와 싸웠을 때, 먼저 사과하는 게 맞을까?

 **글쓰기 천재 토끼쌤은 어떻게 썼을까?**

친구와 싸웠을 때 먼저 사과하는 것이 좋다.

먼저 사과하면 싸움을 빨리 끝낼 수 있고, 관계를 회복할 수 있다.

내가 먼저 용기를 내면 친구도 마음을 열고 화해하기 쉬워진다.

억울할 때도 있겠지만 좋은 관계를 유지하는 것이 더 중요하다.

더 깊은 우정을 만들기 위해서 용기 내어 먼저 사과하는 게 맞다.

 **이제 네 차례야! 다섯 줄로 써 봐!**

월   일   요일

 **토끼쌤의 TIP**

① 먼저 사과하면 어떤 좋은 점이 생기는지 떠올려 봐.
② 내가 먼저 사과했던 경험이나 친구 이야기를 떠올려 봐.
③ 사과가 왜 우정보다 더 소중한지 생각해 봐.

12. 학교 숙제를 없애야 할까?

글쓰기 천재 토끼쌤은 어떻게 썼을까?

학교 숙제를 없애는 것은 좋지 않다.
숙제는 배운 내용을 복습하고, 실력을 키우는 데 도움이 된다.
스스로 공부하는 습관도 길러 준다.
당연히 숙제가 많으면 힘들 수 있지만 적당한 양이라면 할 만하다.
따라서 알맞은 양의 숙제는 학생들에게 필요하다.

이제 네 차례야! 다섯 줄로 써 봐!

○ 월　○ 일　○ 요일

토끼쌤의 TIP

① 숙제가 왜 필요한지 내 입장에서 생각해 봐.
② 숙제를 하면서 어떤 도움이 되었는지 경험을 떠올려 봐.
③ 숙제를 없애면 생길 수 있는 문제는 무엇일지 생각해 봐.

돈보다 더 중요한 것은 무엇일까?

 **글쓰기 천재 토끼쌤은 어떻게 썼을까?**

돈보다 더 중요한 것은 가족과 친구 같은 소중한 사람들이다.
돈이 많아도 함께할 사람이 없다면 행복하기 어렵다.
가족과 친구가 있으면 힘들 때 도움을 받고, 기쁨을 나눌 수 있다.
돈이 중요하긴 하지만 돈만으로는 진정한 행복을 살 수 없다.
그러므로 우리는 돈보다 사람들과의 관계를 소중히 여겨야 한다.

 **이제 네 차례야! 다섯 줄로 써 봐!**   월   일   요일

 **토끼쌤의 TIP**
① 돈이 있어도 가질 수 없는 소중한 것이 무엇인지 떠올려 봐.
② 내가 행복하다고 느낀 순간에 돈보다 더 중요한 게 있었는지 생각해 봐.
③ 진짜 행복은 어디서 오는지 내 마음을 솔직하게 써 봐.

14. 아침 일찍 일어나는 것이 좋을까, 늦잠이 좋을까?

 **글쓰기 천재 토끼쌤은 어떻게 썼을까?**

아침 일찍 일어나는 것이 좋다.

일찍 일어나면 하루를 알차게 보내고 여유롭게 준비할 수 있다.

아침에 공부하면 머리가 맑아져 집중도 더 잘된다.

물론 늦잠을 자면 덜 피곤할 수 있지만 생활 리듬이 깨질 수 있다.

건강하고 활기찬 하루를 위해 일찍 일어나는 것이 좋다.

 **이제 네 차례야! 다섯 줄로 써 봐!**

　　월　　일　　요일

 **토끼쌤의 TIP**

① 아침에 일찍 일어나면 어떤 점이 좋은지 떠올려 봐.
② 늦잠을 자면 생길 수 있는 불편한 점도 생각해 봐.
③ 하루를 기분 좋게 시작하려면 어떤 습관이 필요한지 생각해 봐.

15

피자가 더 맛있을까, 치킨이 더 맛있을까?

 **글쓰기 천재 토끼쌤은 어떻게 썼을까?**

나는 치킨보다 피자가 더 맛있다고 생각한다.

피자는 치즈가 올라가 있어 고소하고, 쭉 늘어나는 식감이 재밌다.

또 토핑을 고를 수 있어 질리지 않고 다른 맛을 느낄 수 있다.

물론 치킨도 좋지만 기름기가 많아 가끔 느끼할 때가 있다.

그러므로 나는 언제 먹어도 맛있는 피자가 더 좋다고 생각한다.

 **이제 네 차례야! 다섯 줄로 써 봐!**

　월　　일　　요일

 **토끼쌤의 TIP**

① 내가 좋아하는 음식의 맛이나 식감을 자세히 떠올려 봐.
② 다른 음식과 비교했을 때 어떤 점이 더 좋은지 생각해 봐.
③ 언제, 누구랑 먹을 때 더 맛있는지도 함께 써 봐.

16. '학교에 가는 로봇'을 만들어도 될까?

글쓰기 천재 토끼쌤은 어떻게 썼을까?

학교에 가는 로봇을 만드는 것은 좋은 생각이다.
다리를 다쳤거나 아플 때 로봇이 대신 학교에 갈 수 있기 때문이다.
가족여행을 할 때에도 로봇의 도움을 받을 수 있다.
로봇이 친구들과 함께하면 공부도 더 재미있어질 수 있다.
학교에 가는 로봇이 있으면 많은 학생에게 도움이 될 것이다.

이제 네 차례야! 다섯 줄로 써 봐!

( ) 월 ( ) 일 ( ) 요일

토끼쌤의 TIP
① 로봇이 학교에 나 대신 가면 어떤 점이 편리할지 떠올려 봐.
② 로봇이 있어도 친구들과 잘 어울릴 수 있을지 생각해 봐.
③ 로봇이 꼭 필요한 상황이 있다면 언제인지 예를 들어 봐.

집에서도 학교처럼 규칙을 정해야 할까?

 **글쓰기 천재 토끼쌤은 어떻게 썼을까?**

집에서도 학교처럼 규칙을 정하는 것이 좋다.
규칙이 있으면 공부 시간을 잘 지키고 생활이 더 편리해진다.
가족끼리 약속을 정하면 집안일도 쉽게 나눌 수 있다.
자유롭게 쉬는 것도 중요하지만 규칙이 있으면 더 효율적이다.
그래서 집에서도 적당한 규칙이 필요하다.

 **이제 네 차례야! 다섯 줄로 써 봐!**

○월 ○일 ○요일

 **토끼쌤의 TIP**

① 집에 규칙이 없으면 어떤 문제가 생길지 떠올려 봐.
② 가족끼리 규칙을 정하면 어떤 점이 좋아질지 생각해 봐.
③ 너무 엄격하지 않으면서도 지킬 수 있는 규칙을 정리해 봐.

18

스마트폰 없이 일주일을 살 수 있을까?

글쓰기 천재 토끼쌤은 어떻게 썼을까?

스마트폰 없이 일주일을 사는 것은 가능하다.

먼저 책을 읽거나 친구들과 놀며 시간을 보낼 수 있다.

가족과 더 많은 대화를 나눌 수도 있다.

불편할 수 있지만 스마트폰 없이도 아주 즐겁게 지낼 것 같다.

스마트폰 없이 생활하는 것도 좋은 경험일 것 같다.

이제 네 차례야! 다섯 줄로 써 봐!

◯ 월 ◯ 일 ◯ 요일

토끼쌤의 TIP

① 스마트폰 없이 지내면 어떤 활동을 할 수 있을지 떠올려 봐.
② 스마트폰 대신 누구와 어떤 시간을 보낼 수 있을지 생각해 봐.
③ 불편한 점이 있어도 그걸 이겨 내면 어떤 기분일지 상상해 봐.

초등학생에게도 스마트폰이 필요할까?

 **글쓰기 천재 토끼쌤은 어떻게 썼을까?**

초등학생에게도 스마트폰이 필요하다.

스마트폰이 있으면 부모님과 연락할 수 있어 안전하다.

검색하거나 유익한 학습 영상을 보며 공부할 수도 있다.

물론 과하게 사용하면 문제가 될 수 있지만 적당하면 괜찮다.

초등학생도 스마트폰을 적절히 사용하면 유익하게 활용할 수 있다.

 **이제 네 차례야! 다섯 줄로 써 봐!**

○ 월 ○ 일 ○ 요일

 **토끼쌤의 TIP**

① 스마트폰이 있으면 어떤 점이 도움이 되는지 생각해 봐.
② 어린 나이에 스마트폰을 사용할 때 조심해야 할 점을 떠올려 봐.
③ 스마트폰을 똑똑하게 사용하는 방법도 함께 써 봐.

20

도서관에서는 조용히 해야 할까, 이야기해도 될까?

글쓰기 천재 토끼쌤은 어떻게 썼을까?

도서관에서는 조용히 해야 한다.

조용하면 더 집중할 수 있어 효율적으로 공부할 수 있기 때문이다.

도서관은 책을 읽거나 공부하는 곳이므로 소음이 있으면 방해가 된다.

가끔 친구들과 토론이 필요하다면 별도의 공간을 이용하면 된다.

따라서 도서관에서는 모두를 위해 조용히 하는 것이 좋다.

이제 네 차례야! 다섯 줄로 써 봐!

○ 월   ○ 일   ○ 요일

토끼쌤의 TIP

① 도서관이 어떤 곳인지 먼저 떠올려 보고, 어울리는 행동을 생각해 봐.
② 조용히 하지 않으면 다른 사람에게 어떤 불편이 생길지 떠올려 봐.
③ 꼭 이야기가 필요할 땐 어떤 방법으로 조용히 할 수 있을지 생각해 봐.

학교에 반려견을 데려와도 될까?

글쓰기 천재 토끼쌤은 어떻게 썼을까?

학교에 반려견을 데려와도 된다고 생각한다.

반려견은 친구처럼 우리를 위로해 주고 기분 좋게 해 준다.

책임감을 기를 수 있어 교육적으로도 도움이 된다.

물론 교실이 시끄러워질 수 있겠지만 규칙을 잘 정하면 문제없다.

반려견과 함께 생활한다면 교실이 더 따뜻하고 즐거워질 것이다.

이제 네 차례야! 다섯 줄로 써 봐!

월   일   요일

토끼쌤의 TIP

① 반려견이 학교에 오면 어떤 기분이 들지 상상해 봐.
② 반려견과 함께 학교에 있으면 어떤 좋은 점이 있을지 떠올려 봐.
③ 혹시 불편해할 친구들이 있다면 어떻게 하면 좋을지 생각해 봐.

22

매주 금요일을
공부 안 하는 날로 정해도 될까?

 **글쓰기 천재 토끼쌤은 어떻게 썼을까?**

매주 금요일을 공부 안 하는 날로 정해도 된다.

일주일 동안 열심히 공부했으니 하루쯤은 머리를 쉬게 해야 한다.

쉬는 날에는 독서, 운동 같은 활동을 하며 창의력을 키울 수 있다.

쉬는 날이 있으면 오히려 다른 날에 더 집중할 수도 있을 것이다.

그래서 일주일에 하루 정도는 공부 안 하는 날이 되어도 괜찮다.

 **이제 네 차례야! 다섯 줄로 써 봐!**

　　월　　일　　요일

 **토끼쌤의 TIP**

① 일주일 중 금요일에 쉬면 어떤 점이 좋을지 떠올려 봐.
② 공부를 쉬는 대신 어떤 활동을 하면 좋을지 구체적으로 생각해 봐.
③ 공부 안 하는 날이 생기면 걱정되는 점은 없을지 스스로에게 물어봐.

23

로봇 선생님이 진짜 선생님보다 더 좋을까?

글쓰기 천재 토끼쌤은 어떻게 썼을까?

로봇 선생님이 진짜 선생님보다 더 좋다고는 생각하지 않는다.

로봇은 정확하고 똑똑하지만 따뜻한 마음이나 배려는 해 줄 수 없다.

진짜 선생님은 우리를 이해해 주고, 가끔은 위로도 해 주신다.

로봇은 감정이 없으므로 진짜 소통은 어렵다고 생각한다.

그래서 나는 진짜 선생님이 학생들에게 더 필요하다고 믿는다.

이제 네 차례야! 다섯 줄로 써 봐!

○ 월   ○ 일   ○ 요일

토끼쌤의 TIP

① 로봇 선생님이 수업을 하면 어떤 점이 편리하거나 좋을지 생각해 봐.
② 진짜 선생님만이 할 수 있는 일이나 행동은 어떤 게 있을지 생각해 봐.
③ 내가 둘 중 하나를 선택해야 한다면, 왜 그쪽을 고르는지 이유를 말해 봐.

초등학교에 '낮잠 시간'이 필요할까?

 **글쓰기 천재 토끼쌤은 어떻게 썼을까?**

초등학교에 낮잠 시간이 필요하다고 생각한다.
아침부터 수업을 듣고 활동하느라 매우 피곤하기 때문이다.
잠깐이라도 눈을 감고 쉬면 피곤이 풀리고 기분이 좋아진다.
이렇게 쉬어 주면 수업 시간에 더 집중할 수 있다.
따라서 낮잠 시간은 초등학생에게 꼭 있어야 한다고 생각한다.

 **이제 네 차례야! 다섯 줄로 써 봐!**

월   일   요일

 **토끼쌤의 TIP**

① 학교에서 가장 피곤함을 느끼는 순간은 언제인지 떠올려 봐.
② 낮잠 시간이 생기면 몸과 마음이 어떻게 달라질지 상상해 봐.
③ 낮잠 시간이 생겼을 때 일어날 수 있는 문제는 없을지 생각해 봐.

4장

감상하는 글
(독후감, 감상문 등)

→ 작품에 대한 감상을 표현하는 힘

★ 감상하는 글 ★
다섯 줄 글쓰기 공식

 감상한 작품의 제목

 무엇을 읽거나 보았는지

 인상 깊었던 내용이나 장면

 느낀 점(좋았던 점, 놀랐던 점 등)

 추천 여부와 이유

감상하는 글, 어떻게 다섯 줄로 쉽게 쓸 수 있을까?

감상하는 글은 책을 읽거나 영화를 본 후 어떤 점이 재미있었고, 무엇을 느꼈는지 정리하는 글이에요. 감상하는 글에서는 다음과 같이 '다섯 줄 글쓰기 공식'을 적용해 보세요.

첫째, 감상한 작품의 제목을 먼저 써요.
예를 들어, "나는 애니메이션 '코코'를 보았다."처럼 감상한 작품의 제목을 써요.
둘째, 무엇을 읽거나 보았는지 설명해요.
작품의 간단한 줄거리나 핵심 내용을 소개하면 좋아요. 예를 들어, "이 애니메이션은 음악을 좋아하는 주인공이 죽은 자들의 세계에서 모험하는 이야기다."처럼 말이죠.
셋째, 인상 깊었던 내용이나 장면을 써요.
예를 들어, "가장 인상적이었던 장면은 주인공이 가족과 화해하며 '기억해 줘'라는 노래를 부르는 순간이었다."처럼 감명 깊거나 기억에 남는 장면을 써요.
넷째, 느낀 점을 표현해요.
이 작품을 보고 느낀 점을 자유롭게 써요. 예를 들어, "가족의 소중함을 다시 깨닫게 되었고, 감동적이었다."처럼 말이죠.
다섯째, 추천 여부와 이유를 써요.
예를 들어, "가족과의 사랑을 느낄 수 있는 멋진 이야기여서 친구들에게 꼭 추천하고 싶다."처럼 정리하면 깔끔해요.

이렇게 다섯 줄로 쓰면 작품에 대한 감상을 짧고 쉽게 표현할 수 있어요.

배꼽 빠지게 웃긴 영화 속 장면

 **글쓰기 천재 토끼쌤은 어떻게 썼을까?**

영화 '미니언즈'에는 배꼽 빠지게 웃기는 장면이 많다.

특히 미니언들이 바나나를 두고 싸우는 장면이 재밌다.

미니언이 엉뚱한 버튼을 눌러 로켓이 날아가는 것도 웃겼다.

미니언들의 귀여운 표정과 행동이 너무 재미있다.

이 영화는 유쾌하고 귀여운 장면이 많아 꼭 추천하고 싶다.

 **이제 네 차례야! 다섯 줄로 써 봐!**

○ 월 ○ 일 ○ 요일

 **토끼쌤의 TIP**
① 가장 웃기는 장면은 어떤 것이었는지 떠올려 봐.
② 그 장면에서 어떤 행동이나 말이 웃겼는지 생각해 봐.
③ 왜 그 장면이 기억에 남았는지 내 느낌을 솔직하게 써 봐.

02
따라 하면
더 웃긴 노래 가사

글쓰기 천재 토끼쌤은 어떻게 썼을까?

'상어 가족' 노래를 듣고, 따라 불러 보았다.
아기 상어와 가족들이 나오는 재미있는 동요다.
특히 "아기 상어 뚜루루뚜루~" 부분을 따라 부를 때 가장 웃겼다.
친구들과 함께 율동에 맞춰 따라 부르니 더 신나고 재미있었다.
누구나 쉽게 따라 할 수 있는 이 노래를 또 듣고 싶다.

이제 네 차례야! 다섯 줄로 써 봐!

○월　○일　○요일

토끼쌤의 TIP

① 따라 했을 때 어떤 가사가 제일 재미있었는지 떠올려 봐.
② 노래를 부르며 어떤 행동이나 표정을 했는지도 써 봐.
③ 그 노래를 듣고 나서 기분이 어땠는지 솔직하게 말해 봐.

따뜻한 위로가 되었던 노래

글쓰기 천재 토끼쌤은 어떻게 썼을까?

나에게 위로가 된 노래는 '넌 할 수 있어라고 말해 주세요'다.

힘들 때 용기를 주고, 다시 도전할 힘을 주는 노래다.

나는 "넌 할 수 있어!"라는 가사를 가장 좋아한다.

이 노래를 들으면 힘이 나고, 어려운 일도 해낼 수 있을 것 같다.

자신감을 얻고 싶은 친구들에게 꼭 추천하고 싶은 노래다.

이제 네 차례야! 다섯 줄로 써 봐!

◯ 월 ◯ 일 ◯ 요일

토끼쌤의 TIP

① 언제, 어떤 기분일 때 이 노래가 위로가 되었는지 떠올려 봐.
② 가사 중에 마음에 남는 한 구절을 골라 이유를 써 봐.
③ 이 노래를 누구에게 추천하고 싶은지 생각해 봐.

04
마음이 몽글몽글해지는 애니메이션 이야기

 **글쓰기 천재 토끼쌤은 어떻게 썼을까?**

'코코'라는 애니메이션을 보고 마음이 몽글몽글해졌다.

미구엘은 죽은 이들의 세계에 가서 가족의 비밀을 알게 되었다.

이 애니메이션에는 가족을 기억하는 게 중요하다는 교훈이 담겨 있다.

따뜻한 이야기와 아름다운 음악이 내 마음을 울렸다.

감동적인 애니메이션을 보고 싶은 친구들에게 추천하고 싶다.

 **이제 네 차례야! 다섯 줄로 써 봐!**

( ) 월 ( ) 일 ( ) 요일

 **토끼쌤의 TIP**

① 감동받았던 장면이나 대사가 무엇이었는지 떠올려 봐.
② 애니메이션을 보며 어떤 기분이 들었는지 솔직하게 써 봐.
③ 이 이야기가 내 마음에 어떤 생각이나 깨달음을 줬는지 생각해 봐.

05

절대 추천하고 싶지 않은 책

 **글쓰기 천재 토끼쌤은 어떻게 썼을까?**

'○○○'라는 책을 읽었는데 별로 추천하고 싶지 않다.
○○에 대한 이야기지만 내용이 지루하고 흥미롭지 않다.
특히 줄거리가 반복되고 결말이 너무 뻔해서 재미가 없었다.
또 글씨도 작고 그림이 거의 없어 읽는 내내 몰입이 안 되었다.
재밌는 책을 찾고 있는 친구들에게는 추천하고 싶지 않다.

 **이제 네 차례야! 다섯 줄로 써 봐!**

○월　○일　○요일

 **토끼쌤의 TIP**

① 책을 읽으면서 어떤 부분이 지루하거나 아쉬웠는지 떠올려 봐.
② 왜 친구들에게 이 책을 추천하지 않는지 이유를 정리해 봐.
③ 나에게 맞지 않았던 점이 다른 사람에게도 그럴지 생각해 봐.

06

눈물이 났던 책

 **글쓰기 천재 토끼쌤은 어떻게 썼을까?**

'강아지똥'이라는 책을 읽고 눈물이 났다.
버려진 강아지똥이 꽃을 피우는 거름이 되는 이야기다.
강아지똥이 자신도 쓸모 있는 존재라는 걸 깨닫는 장면이 좋았다.
작은 존재도 가치가 있다는 메시지가 마음을 따뜻하게 만들었다.
감동적인 이야기를 좋아하는 친구들에게 꼭 추천하고 싶다.

 **이제 네 차례야! 다섯 줄로 써 봐!**　　　　　　　　( ) 월 ( ) 일 ( ) 요일

 **토끼쌤의 TIP**
① 어떤 장면에서 눈물이 났는지 정확히 떠올려 써 봐.
② 그 장면이 왜 마음을 울렸는지 내 감정을 솔직하게 써 봐.
③ 이 책이 나에게 어떤 생각이나 깨달음을 주었는지 생각해 봐.

07

가장 소름 끼쳤던 영화 장면

 **글쓰기 천재 토끼쌤은 어떻게 썼을까?**

'몬스터 주식회사'라는 영화를 보고 소름이 돋았다.

몬스터들이 아이들의 비명을 에너지로 사용하는 이야기다.

거대한 문 창고에서 문들이 빠르게 움직이는 장면이 인상적이었다.

신기하면서도 왠지 으스스한 느낌이 들었다.

긴장감 있는 영화를 좋아하는 친구들에게 추천하고 싶다.

 **이제 네 차례야! 다섯 줄로 써 봐!**

◯ 월　◯ 일　◯ 요일

 **토끼쌤의 TIP**

① 어떤 장면에서 소름이 돋았는지 자세히 떠올려 봐.
② 그 장면이 왜 무섭거나 긴장됐는지 느낌을 표현해 봐.
③ 다른 친구도 이 장면을 보면 어떤 반응을 할지 상상해 봐.

08

'이건 내 이야기야!'라고 느낀 영화

글쓰기 천재 토끼쌤은 어떻게 썼을까?

영화 '메이의 새빨간 비밀'을 보고 '이건 내 이야기야!'라고 느꼈다.
소녀 메이가 갑자기 커다란 빨간 판다로 변하는 이야기다.
영화에서 부모님과 의견이 달라 메이가 고민하는 장면이 기억에 남았다.
나도 메이처럼 부모님의 기대와 내 마음 사이에서 갈등할 때가 있다.
가족과 성장에 관한 이야기를 좋아하는 친구들에게 추천하고 싶다.

이제 네 차례야! 다섯 줄로 써 봐!

　월　　일　　요일

토끼쌤의 TIP
① 어떤 장면에서 '이건 내 이야기야!'라고 느꼈는지 떠올려 봐.
② 왜 그 장면이 내 이야기처럼 느껴졌는지 내 마음을 들여다봐.
③ 비슷한 경험이 있는 친구가 이 장면을 보면 어떤 기분일지 상상해 봐.

09

따라 부르고 싶은 신나는 노래

 **글쓰기 천재 토끼쌤은 어떻게 썼을까?**

내가 따라 부르고 싶은 노래는 '빙고(B-I-N-G-O)'다.
강아지 '빙고'의 이름을 손뼉을 치며 부르는 신나는 동요다.
가사에서 글자를 하나씩 빼고 박수로 대신 하는 부분이 신난다.
이 노래는 리듬감을 느낄 수 있어 따라 부르기 좋다.
신나게 따라 부를 노래를 찾는다면 이 노래를 추천한다.

 **이제 네 차례야! 다섯 줄로 써 봐!**

◯ 월　◯ 일　◯ 요일

 **토끼쌤의 TIP**

① 노래를 들을 때 몸이 어떻게 반응했는지 떠올려 봐.
② 어떤 가사나 멜로디가 특히 기억에 남는지 생각해 봐.
③ 친구들과 함께 부른다면 어떤 점이 더 즐거울지 상상해 봐.

너무 슬퍼서
눈물이 났던 영화

 **글쓰기 천재 토끼쌤은 어떻게 썼을까?**

'라이온 킹'을 보고 너무 슬퍼서 눈물이 났다.

새끼 사자 심바가 어려움을 겪으며 성장하는 이야기다.

심바의 아버지 무파사가 절벽에서 떨어지는 장면이 가장 슬펐다.

가족을 잃는다는 게 매우 가슴 아픈 일이라는 걸 알게 되었다.

감동적인 이야기를 좋아하는 친구들에게 추천하고 싶다.

 **이제 네 차례야! 다섯 줄로 써 봐!**

월 일 요일

 **토끼쌤의 TIP**

① 어떤 장면에서 눈물이 났는지 떠올려 봐.
② 그 장면이 왜 슬프게 느껴졌는지 마음을 살펴봐.
③ 비슷한 상황이 내게 생긴다면 어떤 기분일지 상상해 봐.

11

가장 신났던 뮤지컬 공연

 **글쓰기 천재 토끼쌤은 어떻게 썼을까?**

'알라딘' 뮤지컬을 보고 무척 신이 났다.

램프의 요정 지니가 소원을 들어주면서 펼쳐지는 이야기다.

흥겨운 노래에 맞춰 지니가 마법을 부리는 장면이 인상적이었다.

무대가 화려하고 배우의 춤, 노래가 신나서 나도 따라 부르고 싶었다.

즐겁고 신나는 뮤지컬을 좋아하는 친구에게 소개하고 싶은 공연이다.

 **이제 네 차례야! 다섯 줄로 써 봐!**

◯ 월 ◯ 일 ◯ 요일

 **토끼쌤의 TIP**

① 공연을 보면서 가장 신났던 장면이 언제였는지 떠올려 봐.
② 어떤 노래나 춤이 마음을 들뜨게 했는지 생각해 봐.
③ 무대, 의상, 조명이 어떻게 공연을 더 멋지게 만들었는지 떠올려 봐.

12. 예상하지 못한 결말을 가진 책

글쓰기 천재 토끼쌤은 어떻게 썼을까?

'오즈의 마법사'를 읽고 예상하지 못한 결말에 놀랐다.

도로시가 소원을 이루기 위해 오즈의 마법사를 찾아가는 이야기다.

마법사가 평범한 사람이라는 결말이 충격적이었다.

하지만 진짜 힘은 모두가 가지고 있다는 메시지는 좋았다.

반전이 있는 책을 좋아한다면 이 책도 재밌게 읽을 것이다.

이제 네 차례야! 다섯 줄로 써 봐!

월   일   요일

토끼쌤의 TIP

① 어떤 결말을 예상했는지 먼저 떠올려 봐.
② 결말이 왜 놀랍거나 충격적이었는지 생각해 봐.
③ 결말을 알고 나서 처음부터 다시 보면 어떤 느낌일지 상상해 봐.

13

너무 재미없어서 중간에 덮은 책

 **글쓰기 천재 토끼쌤은 어떻게 썼을까?**

'○○○'이라는 책을 읽다가 중간에 그만 두었다.

이 책은 ○○에 대한 이야기였지만 내용이 지루하고 뻔했다.

특히 같은 내용이 반복되어 읽을수록 점점 재미가 없어졌다.

캐릭터도 개성이 없어서 이야기 속에 빠져들기 어려웠다.

흥미진진한 책을 좋아하는 친구들에게는 추천하고 싶지 않다.

 **이제 네 차례야! 다섯 줄로 써 봐!**

○월 ○일 ○요일

 **토끼쌤의 TIP**

① 어느 부분에서부터 책이 재미없다고 느꼈는지 떠올려 봐.
② 어떤 점이 지루하거나 아쉬웠는지 솔직하게 생각해 봐.
③ 내가 좋아하는 책과 어떤 점이 달랐는지 비교해 봐.

14

충격적인 반전이 있었던 영화

글쓰기 천재 토끼쌤은 어떻게 썼을까?

영화 '겨울왕국'에서 예상하지 못한 충격적인 반전에 깜짝 놀랐다.
엘사가 얼음 왕국의 여왕이 되면서 벌어지는 이야기다.
반전은 착해 보이던 왕자가 왕위를 노리는 악당이라는 것이다.
믿었던 캐릭터가 배신하니 너무 놀랍고 긴장감이 느껴졌다.
참! 아직 영화를 안 본 친구에게 이 반전은 비밀이다.

이제 네 차례야! 다섯 줄로 써 봐!

◯ 월 ◯ 일 ◯ 요일

토끼쌤의 TIP

① 언제 반전이라고 느꼈는지, 그 순간을 떠올려 봐.
② 처음에는 그 인물이 어떤 모습으로 보였는지 생각해 봐.
③ 이 반전을 친구가 보면 어떤 반응을 할지 상상해 봐.

주인공의 선택에 완전히 공감했던 순간

 **글쓰기 천재 토끼쌤은 어떻게 썼을까?**

영화 '모아나'에서 주인공의 선택에 완전히 공감했다.

소녀 모아나가 섬을 구하기 위해 모험을 떠나는 이야기다.

모아나가 가족을 떠나 모험을 결심하는 장면이 인상적이었다.

꿈을 이루기 위해 두려움을 이겨 내는 모습이 용감하게 느껴졌다.

도전 정신이 있는 친구라면 나처럼 모아나의 선택에 공감할 것이다.

 **이제 네 차례야! 다섯 줄로 써 봐!**

○월 ○일 ○요일

 **토끼쌤의 TIP**

① 주인공이 어떤 선택을 했는지 먼저 떠올려 봐.
② 왜 그 선택에 '나도 그랬을 것 같아.'라고 느꼈는지 생각해 봐.
③ 내가 비슷한 상황이라면 어떻게 했을지 상상해 봐.

16. 기대했는데 별로였던 책

글쓰기 천재 토끼쌤은 어떻게 썼을까?

'○○○'이라는 책은 생각보다 별로였다.

신나는 모험 이야기를 기대했는데 사건이 거의 없었다.

주인공이 특별한 능력이 있는데도 거의 활용하지 않아 답답했다.

흥미진진한 모험도 없고, 전개가 느리고, 결말은 허무했다.

긴장감 넘치는 이야기를 좋아하는 친구들에게는 추천하지 못하겠다.

이제 네 차례야! 다섯 줄로 써 봐!

　　월　　일　　요일

토끼쌤의 TIP

① 이 책을 읽기 전에 어떤 점을 기대했는지 떠올려 봐.
② 어느 부분에서 기대와 다르다고 느꼈는지 생각해 봐.
③ 기대한 내용이 나왔다면 어떻게 더 재미있었을지 상상해 봐.

'와, 대단하다!' 감탄했던 공연

 **글쓰기 천재 토끼쌤은 어떻게 썼을까?**

뮤지컬 '라이온 킹'을 보고 '와, 대단하다!'라고 감탄했다.
동물들이 등장하는 장면에서 배우들이 직접 사자, 기린을 표현했다.
거대한 코끼리 인형이 무대 위를 걸어 나오는 장면이 인상적이었다.
배우들의 연기와 화려한 무대 연출이 정말 멋지고 생생했다.
웅장한 공연을 보고 싶은 친구들에게 꼭 추천하고 싶다.

 **이제 네 차례야! 다섯 줄로 써 봐!**

○ 월   ○ 일   ○ 요일

 **토끼쌤의 TIP**
① 공연을 보며 '와!' 하고 놀란 순간이 언제였는지 떠올려 봐.
② 무엇이 그렇게 멋지거나 인상 깊었는지 자세히 생각해 봐.
③ 그 장면을 친구에게 설명한다면 어떻게 말할지 상상해 봐.

18 나를 놀라게 한 그림책

글쓰기 천재 토끼쌤은 어떻게 썼을까?

'돼지책'이라는 그림책을 읽고 깜짝 놀랐다.

집안일을 엄마에게만 맡긴 아빠와 아이들이 돼지로 변하는 이야기다.

엄마가 떠나자 가족이 돼지로 변하는 장면이 놀라웠다.

가족이 함께 집안일을 해야 한다는 교훈이 와 닿았다.

친구들도 이 책을 읽고 가족의 역할에 대해 생각해 보면 좋겠다.

이제 네 차례야! 다섯 줄로 써 봐!

( ) 월 ( ) 일 ( ) 요일

토끼쌤의 TIP

① 그림책에서 가장 놀란 장면이 어디였는지 떠올려 봐.
② 그 장면이 왜 뜻밖이었는지, 어떤 점이 놀라웠는지 생각해 봐.
③ 이 책을 읽은 친구도 같은 장면에서 놀랄지 상상해 봐.

비 오는 날
듣기 좋은 노래

 **글쓰기 천재 토끼쌤은 어떻게 썼을까?**

'빗방울'이라는 노래가 비 오는 날과 잘 어울린다고 생각한다.
빗방울이 톡톡 떨어지는 모습을 재미있게 표현한 노래다.
"빗방울이 톡톡, 창문을 두드려요"라는 가사가 인상적이다.
비 오는 날 이 노래를 들으며 창밖을 보면 기분이 좋아진다.
비 오는 날 기분 좋게 할 노래를 찾고 있다면 바로 이 노래다!

 **이제 네 차례야! 다섯 줄로 써 봐!**

○ 월   ○ 일   ○ 요일

 **토끼쌤의 TIP**

① 노래의 어떤 부분이 비 오는 날과 잘 어울린다고 느꼈는지 떠올려 봐.
② 이 노래를 들을 때 기분이 어떻게 달라지는지 생각해 봐.
③ 비 오는 날 이 노래를 친구에게 들려준다면 어떤 반응일지 상상해 봐.

다음에 꼭 다시 보고 싶은 공연

 **글쓰기 천재 토끼쌤은 어떻게 썼을까?**

'마술 연필' 공연을 보고 다음에 꼭 다시 보고 싶다고 생각했다.
주인공이 신비한 연필로 그린 게 현실이 되는 이야기다.
연필로 그린 다리가 실제로 나타나 건너는 장면이 신기했다.
마치 진짜 마법 같은 연출과 흥미진진한 전개가 인상적이었다.
재미있고 신비로운 공연을 찾는다면 이 공연을 보면 된다!

 **이제 네 차례야! 다섯 줄로 써 봐!**   ◯월 ◯일 ◯요일

 **토끼쌤의 TIP**
① 공연에서 어떤 장면이 가장 기억에 남았는지 떠올려 봐.
② 왜 그 공연을 또 보고 싶다고 느꼈는지 생각해 봐.
③ 다시 본다면 어떤 부분을 더 집중해서 보고 싶은지 상상해 봐.

21

웃음이 터진 만화책 속 한 장면

글쓰기 천재 토끼쌤은 어떻게 썼을까?

내가 소개할 만화책은 '검정 고무신'이다.

1960년대를 배경으로 한 대가족 이야기를 담은 만화다.

형 기철이가 기영이를 놀리려다 도리어 혼나는 장면이 정말 웃겼다.

형제끼리 싸우면서도 금방 화해하는 모습이 재미있고 따뜻했다.

웃고 싶을 때 보면 좋은 책이라 친구들에게 꼭 추천하고 싶다.

이제 네 차례야! 다섯 줄로 써 봐!

◯ 월 ◯ 일 ◯ 요일

토끼쌤의 TIP
① 어떤 장면에서 웃음이 터졌는지 그 순간을 떠올려 봐.
② 왜 그 장면이 웃기게 느껴졌는지 내 감정을 살펴봐.
③ 그 장면을 친구가 본다면 어떤 반응을 할지 상상해 봐.

22

상상한 결말과 달라서 놀랐던 이야기

글쓰기 천재 토끼쌤은 어떻게 썼을까?

상상한 결말과 달랐던 책의 제목은 '빨간 머리 앤'이다.

앤이 꿈을 찾아 도시로 떠날 줄 알았는데 그러지 않았기 때문이다.

앤이 결국 고향에 남는 것으로 마무리되어 놀라웠다.

그 선택을 한 이유가 감동적이어서 마음이 뭉클했다.

예상과는 달랐지만 여운이 긴 이야기라 꼭 읽어 보면 좋을 것 같다.

이제 네 차례야! 다섯 줄로 써 봐!

( ) 월 ( ) 일 ( ) 요일

토끼쌤의 TIP

① 처음에 어떤 결말을 상상했는지 떠올려 봐.
② 이야기의 진짜 결말이 어떤 점에서 달랐고, 왜 놀랐는지 생각해 봐.
③ 결말이 달랐기 때문에 느낀 감정이나 생각을 솔직하게 써 봐.

23

읽자마자 바로 친구에게 소개하고 싶었던 책

 **글쓰기 천재 토끼쌤은 어떻게 썼을까?**

내가 오늘 이야기할 책은 널리 알려진 '마법 천자문'이다.

한자가 나올 때마다 마법처럼 기술이 나오는 장면이 인상적이다.

모험을 즐기면서도 글자를 배운다는 구성도 재미있다.

공부와 재미를 동시에 느낄 수 있어 친구들에게 꼭 알려 주고 싶다.

재미있게 한자를 배우고 싶다면 이 책을 읽어 보는 걸 추천한다.

 **이제 네 차례야! 다섯 줄로 써 봐!**

○ 월   ○ 일   ○ 요일

 **토끼쌤의 TIP**

① 책을 읽고 난 뒤 어떤 점을 친구에게 말해 주고 싶었는지 떠올려 봐.
② 이 책이 왜 친구에게 꼭 어울린다고 생각했는지 이유를 정리해 봐.
③ 친구가 이 책을 읽으면 어떤 반응을 보일지 상상해 봐.

24
꿈에 나올 정도로 인상 깊었던 책

 **글쓰기 천재 토끼쌤은 어떻게 썼을까?**

꿈에 나올 정도로 인상 깊었던 책은 '해리 포터와 마법사의 돌'이다.
어젯밤에 해리가 호그와트에서 마법을 배우는 장면을 읽었다.
하늘을 나는 빗자루와 움직이는 계단이 정말 신기했다.
놀랍게도 꿈이 너무 생생해서 실제로 호그와트에 간 것처럼 느껴졌다.
모험이나 마법을 좋아하는 친구라면 이 책도 분명 좋아할 것 같다.

 **이제 네 차례야! 다섯 줄로 써 봐!**   월   일   요일

 **토끼쌤의 TIP**
① 어떤 장면이 가장 인상 깊어서 꿈에까지 나왔는지 떠올려 봐.
② 그 장면이 왜 특별하게 느껴졌는지 자세히 생각해 봐.
③ 꿈속에서 어떤 느낌이 들었고, 현실과 어떤 부분이 달랐는지 표현해 봐.

5장

관찰한 내용을 표현하는 글
(묘사 글 등)

→ 사물을 생생하게 표현하는 힘

★ 관찰한 내용을 표현하는 글 ★
다섯 줄 글쓰기 공식

 관찰한 대상의 이름

 대상의 외형적인 특징(색깔, 모양 등)

 대상의 감각적인 특징(소리, 냄새, 촉감 등)

 대상이 주는 느낌을 감각 중심으로 설명

 한 줄로 정리하는 느낌

관찰한 내용을 표현하는 글, 어떻게 다섯 줄로 쉽게 쓸 수 있을까?

관찰한 대상을 생생하게 표현하는 글을 쓰려면 눈으로 본 것뿐만 아니라 소리, 냄새, 촉감까지 다양한 감각을 활용하는 것이 중요해요. 이럴 때 '다섯 줄 글쓰기 공식'을 활용하면 쉽고 자연스럽게 묘사할 수 있어요.

첫째, 관찰한 대상의 이름을 먼저 써요.
예를 들어, "나는 공원에서 활짝 핀 해바라기를 보았다."처럼 설명하려는 것이 무엇인지 한 줄로 간단히 적어요.
둘째, 대상의 외형적인 특징을 설명해요.
색깔, 모양 등 눈에 보이는 모습을 자세히 묘사해요. 예를 들어, "해바라기는 커다랗고 노란 꽃잎을 활짝 펼치고 있었다."처럼 말이죠.
셋째, 대상의 감각적인 특징을 표현해요.
소리, 냄새, 촉감 등 다른 감각을 활용해 생동감을 더해요. 예를 들어, "꽃잎은 부드러웠고, 해바라기씨에서는 고소한 향기가 났다."처럼 말이죠.
넷째, 대상이 주는 느낌을 표현해요.
대상을 보았을 때 떠오른 감정이나 분위기를 써요. 예를 들어, "커다란 해바라기가 마치 환하게 웃으며 인사하는 것 같았다."처럼 말이죠.
다섯째, 한 줄로 정리하는 느낌을 적어요.
예를 들어, "해바라기를 보니 밝고 힘이 나는 기분이 들었다."처럼 대상에 대한 전체적인 인상을 한 줄로 정리하면 돼요.

이렇게 다섯 줄로 쓰면 사물을 더 생생하게 표현할 수 있어요.

달콤한 아이스크림을
한 입 먹었을 때 느낌

 **글쓰기 천재 토끼쌤은 어떻게 썼을까?**

초코칩이 가득한 바닐라 아이스크림을 먹었다.
하얀 바닐라 아이스크림 속에 까만 초콜릿 조각이 박혀 있었다.
부드러운 아이스크림이 혀에 닿는 순간 달콤한 맛이 퍼졌다.
씹을 때마다 초코칩이 사르르 녹으면서 고소한 맛이 진해졌다.
아이스크림 한 입은 여름날 시원한 바람을 맞는 것과 비슷하다.

 **이제 네 차례야! 다섯 줄로 써 봐!**

( ) 월 ( ) 일 ( ) 요일

 **토끼쌤의 TIP**

① 입에 넣는 순간 어떤 맛과 촉감이 느껴졌는지 떠올려 봐.
② 아이스크림의 색깔, 모양, 재료를 눈으로 어떻게 봤는지 생각해 봐.
③ 아이스크림을 먹었을 때 기분이나 생각이 어떻게 달라졌는지 떠올려 봐.

02

내 손을 자세히 들여다보면?

글쓰기 천재 토끼쌤은 어떻게 썼을까?

정말 오랜만에 내 손을 자세히 들여다보았다.

손바닥에는 가느다란 선이 많고, 손가락마다 작은 주름이 보였다.

손가락을 움직이면 뼈와 근육이 따라 움직이며 부드럽게 구부러졌다.

따뜻하고 부드러운 느낌이지만 손바닥에는 단단한 부분도 있었다.

매일 사용하는 손을 자세히 보니 신기하고 놀라웠다.

이제 네 차례야! 다섯 줄로 써 봐!

○ 월　○ 일　○ 요일

토끼쌤의 TIP

① 손바닥과 손가락에 어떤 무늬나 주름이 있는지 자세히 살펴봐.
② 손을 움직일 때 어떤 모양으로 변하는지 관찰해 봐.
③ 손의 느낌이 어떤지, 만졌을 때 어떤 감촉이 드는지 표현해 봐.

03

눈을 감았을 때 들리는 소리

 **글쓰기 천재 토끼쌤은 어떻게 썼을까?**

눈을 감고 주변의 소리에 집중해 보았다.

창문 너머에서 바람이 불고, 새들이 지저귀는 소리가 들렸다.

멀리서 자동차가 지나가는 소리가 울렸고, 시계 초침이 똑딱거렸다.

눈을 감으니 작은 소리도 더 선명하게 들려서 신기했다.

평소에 무심코 지나쳤던 소리가 이렇게 많다는 게 놀라웠다.

 **이제 네 차례야! 다섯 줄로 써 봐!**

○ 월   ○ 일   ○ 요일

 **토끼쌤의 TIP**

① 눈을 감았을 때 처음으로 들린 소리가 무엇인지 떠올려 봐.
② 멀리서 나는 소리와 가까이서 나는 소리를 구분해 봐.
③ 소리를 들었을 때 어떤 느낌이나 생각이 떠올랐는지 표현해 봐.

04

무지개를 본 순간 떠오른 생각

글쓰기 천재 토끼쌤은 어떻게 썼을까?

비 온 뒤 하늘에 떠오른 무지개를 보았다.

빨주노초파남보 일곱 가지 색이 길게 펼쳐져 있었다.

하늘 위에 무척 선명하게 떠 있었고, 햇빛을 받아 반짝였다.

마치 동화 속으로 들어온 듯 신비롭고 기분이 상쾌했다.

무지개를 보면 언제나 행복하고 희망찬 기분이 든다.

이제 네 차례야! 다섯 줄로 써 봐!

월   일   요일

토끼쌤의 TIP

① 무지개를 봤을 때 어떤 색이 가장 먼저 눈에 들어왔는지 떠올려 봐.
② 무지개를 보며 기분이 어떻게 변했는지 생각해 봐.
③ 무지개를 보고 떠오른 생각이나 상상을 표현해 봐.

05

밤하늘의 별을 자세히 본다면?

 **글쓰기 천재 토끼쌤은 어떻게 썼을까?**

깜깜한 밤하늘의 별을 자세히 바라보았다.

까만 하늘 위에 작은 반짝이는 점들이 곳곳에 흩어져 있었다.

어떤 별은 희미했고, 어떤 별은 유난히 밝게 빛났다.

가만히 보고 있으니 끝없는 우주 속에 빠져드는 느낌이 들었다.

별빛이 반짝이는 밤하늘은 신비롭고 아름답다.

 **이제 네 차례야! 다섯 줄로 써 봐!**

◯ 월 ◯ 일 ◯ 요일

 **토끼쌤의 TIP**

① 별이 어떻게 생겼고, 하늘에 어떻게 퍼져 있는지 자세히 떠올려 봐.
② 별빛을 바라볼 때 마음속에 어떤 느낌이 떠올랐는지 생각해 봐.
③ 밤하늘을 보며 어떤 상상이나 이야기가 떠올랐는지 표현해 봐.

06 우리 반 교실의 아침 풍경

 **글쓰기 천재 토끼쌤은 어떻게 썼을까?**

아침에 등교한 뒤 내 자리에 앉아 우리 반 교실을 살펴보았다.
창문으로 햇빛이 들어와 교실이 환하게 빛났다.
친구들이 가방을 정리하는 소리, 책장을 넘기는 소리 등이 들렸다.
분주하지만 활기찬 분위기가 느껴져 기분이 상쾌했다.
우리 반의 아침은 언제나 밝고 생기가 넘친다.

 **이제 네 차례야! 다섯 줄로 써 봐!**

○ 월 ○ 일 ○ 요일

 **토끼쌤의 TIP**
① 교실에 들어섰을 때 가장 먼저 눈에 띈 모습은 무엇이었는지 떠올려 봐.
② 아침 교실에서 들리는 다양한 소리를 귀 기울여 들어 봐.
③ 그 풍경을 보고 어떤 기분이 들었는지 자세히 표현해 봐.

07

따뜻한 핫초코를
마실 때의 느낌

 **글쓰기 천재 토끼쌤은 어떻게 썼을까?**

어젯밤에 엄마가 따뜻한 핫초코를 한 잔 만들어 주셨다.
짙은 갈색의 핫초코에서 하얀 김이 모락모락 올라왔다.
달콤한 초콜릿 향이 퍼지고, 컵을 잡으니 손이 따뜻해졌다.
한 모금 마시자 부드럽고 달콤한 맛이 입안 가득 퍼졌다.
따뜻한 핫초코는 내 몸과 마음을 포근하게 만들어 주는 보약이다.

 **이제 네 차례야! 다섯 줄로 써 봐!**   　월　　일　　요일

 **토끼쌤의 TIP**
① 핫초코를 봤을 때 어떤 느낌이 들었는지 떠올려 봐.
② 향기, 온도, 맛이 어땠는지 감각을 하나씩 표현해 봐.
③ 핫초코를 마신 뒤 몸이나 마음이 어떻게 달라졌는지 생각해 봐.

08
폭풍우가 몰아치는 날, 창밖 모습

 **글쓰기 천재 토끼쌤은 어떻게 썼을까?**

폭풍우가 몰아치던 날, 창밖을 바라보았다.
하늘은 어둡고 회색 구름이 빽빽하게 뒤덮여 있었다.
거센 바람에 나뭇가지가 흔들리고, 빗방울이 세차게 창문을 두드렸다.
천둥소리가 쿵쿵 울릴 때마다 가슴이 두근거렸다.
폭풍우가 몰아친 날의 창밖 풍경은 약간 무서운 것 같다.

 **이제 네 차례야! 다섯 줄로 써 봐!**   ○월 ○일 ○요일

 **토끼쌤의 TIP**
① 창밖에서 어떤 색깔, 움직임, 모습이 보였는지 자세히 떠올려 봐.
② 폭풍우 소리가 어떻게 들렸는지 귀 기울여 들어 봐.
③ 그 순간 마음속에 어떤 느낌이 떠올랐는지 솔직하게 표현해 봐.

09

매일 메는
내 가방의 모습

 **글쓰기 천재 토끼쌤은 어떻게 썼을까?**

책상에 앉아 내 가방을 자세히 살펴보았다.

내 가방은 검은색이고, 앞주머니가 있고, 어깨끈이 두껍다.

손으로 만지면 부드럽지만, 책과 필통이 들어 있어 묵직하다.

지퍼를 열면 책 냄새가 나고, 살짝 과자 냄새가 나기도 한다.

약간 낡은 느낌이 있지만 이런 것까지도 좋다.

 **이제 네 차례야! 다섯 줄로 써 봐!**

○ 월 ○ 일 ○ 요일

 **토끼쌤의 TIP**

① 가방의 색깔, 모양, 크기를 자세히 떠올려 봐.
② 가방을 들었을 때 무게나 촉감은 어떤지 손의 느낌을 생각해 봐.
③ 가방을 열었을 때 나는 냄새나 느껴지는 기분을 표현해 봐.

10. 할머니(할아버지)의 얼굴을 자세히 본다면?

 **글쓰기 천재 토끼쌤은 어떻게 썼을까?**

할머니의 얼굴을 자세히 바라보았다.

따뜻한 눈빛 아래에 깊게 파인 주름이 많았다.

볼은 부드럽고, 미소를 지으면 작은 주름이 생겼다.

할머니 얼굴에는 늘 미소가 있어, 보고 있으면 기분이 좋아진다.

사랑과 온기가 가득한 소중한 얼굴이다.

 **이제 네 차례야! 다섯 줄로 써 봐!**

　　월　　일　　요일

 **토끼쌤의 TIP**

① 얼굴에서 가장 먼저 눈에 들어온 부분은 어디였는지 떠올려 봐.
② 주름이나 표정 속에 담긴 느낌을 자세히 표현해 봐.
③ 얼굴을 바라볼 때 내 마음에 어떤 감정이 생겼는지 떠올려 봐.

11

공원에서 본 신기한 풍경

 **글쓰기 천재 토끼쌤은 어떻게 썼을까?**

어제 집 주변 공원에서 신기한 풍경을 보았다.
연못 위에 노란 나뭇잎들이 동그랗게 모여 있었다.
바람이 불 때마다 나뭇잎들이 물 위에서 빙글빙글 돌았다.
마치 누군가 일부러 둥글게 모아 놓은 것같이 느껴졌다.
자연이 만들어 낸 이 광경이 참 아름답다고 생각했다.

 **이제 네 차례야! 다섯 줄로 써 봐!**

월   일   요일

 **토끼쌤의 TIP**

① 그 풍경을 처음 봤을 때 어떤 모습이 가장 눈에 띄었는지 생각해 봐.
② 움직임이나 색깔, 모양이 어떻게 변했는지 자세히 살펴봐.
③ 그 풍경을 보며 어떤 생각이나 느낌이 들었는지 표현해 봐.

12

물방울이 창문에 맺힐 때의 모습

 **글쓰기 천재 토끼쌤은 어떻게 썼을까?**

내 방 창문에 맺힌 물방울을 자세히 살펴보았다.

작은 물방울들이 창문에 동그랗게 붙어 있었다.

시간이 지나자 물방울들이 점점 커지며 아래로 흘러내렸다.

서로 합쳐지면서 길을 만들 듯 천천히 움직였다.

마치 창문 위에서 빗방울들이 경주하는 것 같았다.

 **이제 네 차례야! 다섯 줄로 써 봐!**

○ 월 ○ 일 ○ 요일

 **토끼쌤의 TIP**
① 처음 물방울이 맺혔을 때 어떤 모양이었는지 떠올려 봐.
② 물방울이 어떻게 움직이고 변해 갔는지 천천히 살펴봐.
③ 물방울을 보면서 떠오른 생각이나 상상을 써 봐.

13 거울에 비친 내 얼굴

 **글쓰기 천재 토끼쌤은 어떻게 썼을까?**

거울에 비친 내 얼굴을 자세히 살펴보았다.

이마는 매끈하고, 눈썹은 부드러운 곡선이었다.

동그란 눈은 반짝였고, 코는 오뚝하게 자리 잡았다.

입을 살짝 움직이니 볼에 작은 보조개가 나타났다.

거울 속 내 얼굴을 보니 신기하고 재미있었다.

 **이제 네 차례야! 다섯 줄로 써 봐!**

◯ 월 ◯ 일 ◯ 요일

 **토끼쌤의 TIP**

① 거울 속 내 얼굴에서 가장 먼저 눈에 띈 부분은 어디였는지 떠올려 봐.
② 얼굴의 생김새나 표정이 어떤지 천천히 살펴봐.
③ 거울을 보며 어떤 기분이나 생각이 들었는지 표현해 봐.

14
추운 겨울, 눈을 만졌을 때의 느낌

글쓰기 천재 토끼쌤은 어떻게 썼을까?

겨울에 맨손으로 눈을 만지는 걸 좋아한다.

보통 눈은 새하얗고 작은 결정들이 모여 몽글몽글 쌓여 있다.

손으로 집으면 사각사각 부서지고, 녹으면서 물방울이 된다.

부드럽지만 만지면 금세 사라져서 신기하다.

눈은 차가우면서도 자꾸만 만지고 싶은 재미있는 촉감을 가졌다.

이제 네 차례야! 다섯 줄로 써 봐!

◯ 월 ◯ 일 ◯ 요일

토끼쌤의 TIP

① 눈을 손으로 만졌을 때 어떤 촉감이 느껴졌는지 떠올려 봐.
② 눈이 손에서 어떻게 변하는지, 녹는 모습을 관찰해 봐.
③ 그 느낌을 다른 것에 비유해서 표현해 봐.

비 오는 날, 운동장의 모습

글쓰기 천재 토끼쌤은 어떻게 썼을까?

비 오는 날에 교실에서 운동장을 바라보았다.

회색 하늘 아래 운동장은 빗물에 젖어 반짝였다.

빗방울이 떨어지며 '톡톡' 소리를 냈고, 물웅덩이가 곳곳에 생겼다.

조용한 운동장에 퍼지는 빗소리가 차분한 느낌을 주었다.

비 오는 날의 운동장은 평소와 다르게 신비롭고 고요한 느낌을 준다.

이제 네 차례야! 다섯 줄로 써 봐!

○월 ○일 ○요일

토끼쌤의 TIP

① 비에 젖은 운동장이 어떻게 변했는지 눈으로 자세히 살펴봐.
② 빗방울이 떨어질 때 나는 소리나 움직임을 떠올려 봐.
③ 평소의 운동장과 무엇이 달랐는지 비교하며 느낌을 표현해 봐.

구름을 보며 떠오르는 상상

글쓰기 천재 토끼쌤은 어떻게 썼을까?

하늘에 떠 있는 구름을 보는 걸 좋아한다.
구름은 하얗고 몽실몽실하며 모양이 계속해서 변한다.
부드러운 솜사탕 같기도 하고, 동물 모양처럼 보이기도 한다.
바람이 불면 구름이 움직이며 새로운 모습으로 변한다.
하늘을 보면 끝없는 상상이 펼쳐지는 것 같아 즐겁다.

이제 네 차례야! 다섯 줄로 써 봐!

( ) 월 ( ) 일 ( ) 요일

토끼쌤의 TIP
① 구름이 어떤 모양으로 보였는지 자세히 떠올려 봐.
② 구름을 보고 어떤 동물이나 물건이 떠올랐는지 생각해 봐.
③ 구름이 움직일 때 어떤 이야기가 펼쳐질지 상상해 봐.

숲속에 들어가 본 느낌

 **글쓰기 천재 토끼쌤은 어떻게 썼을까?**

가족들과 캠핑장에 갔을 때 울창한 숲속에 들어간 적이 있다.

나무들은 높이 솟아 있었고, 바닥에는 푹신한 낙엽이 깔려 있었다.

새들이 지저귀는 소리와 바람에 흔들리는 나뭇잎 소리가 들렸다.

숲속 공기는 신선하고 맑아서 숨을 쉴 때마다 상쾌했다.

자연 속에 있으니 마음이 차분해지고 기분이 좋아졌다.

 **이제 네 차례야! 다섯 줄로 써 봐!**   ◯ 월 ◯ 일 ◯ 요일

 **토끼쌤의 TIP**
① 숲속에서 본 나무, 풀, 바닥의 모습을 자세히 떠올려 봐.
② 숲에서 들린 소리나 냄새는 어떤 느낌이었는지 생각해 봐.
③ 숲속에 있을 때 몸이나 마음에 어떤 변화가 생겼는지 표현해 봐.

18 한여름의 더위

 **글쓰기 천재 토끼쌤은 어떻게 썼을까?**

어제 한여름의 뜨거운 열기를 온몸으로 느꼈다.

햇볕이 내리쬐어 땅이 바싹 마르고, 나뭇잎도 축 처져 있었다.

매미 소리는 더욱 크게 들리고, 도로 위에서 아지랑이가 일렁였다.

아이스크림은 손에 쥐자마자 금세 녹아내렸다.

한여름의 더위는 정말 견디기 힘들다.

 **이제 네 차례야! 다섯 줄로 써 봐!**

○ 월 ○ 일 ○ 요일

 **토끼쌤의 TIP**

① 햇볕, 공기, 땅에서 느껴지는 더위의 모습을 떠올려 봐.
② 주변의 동물이나 사물, 사람들은 더위를 어떻게 느끼는지 살펴봐.
③ 더운 날씨에 내 몸과 마음은 어떻게 반응했는지 표현해 봐.

19

눈이 펑펑 내리는 날

 **글쓰기 천재 토끼쌤은 어떻게 썼을까?**

어제는 하늘에 구멍이 난 것처럼 하루 종일 눈이 펑펑 내렸다.

하얀 눈송이들이 하늘에서 춤추듯 계속 내려왔다.

소복이 쌓인 눈을 밟자 '뽀드득' 소리가 났다.

눈은 차가운 공기 속에서 얼굴에 닿자 금세 사라졌다.

눈 내리는 날은 조용하고 포근한 느낌이 든다.

 **이제 네 차례야! 다섯 줄로 써 봐!**

○ 월 ○ 일 ○ 요일

 **토끼쌤의 TIP**

① 눈송이가 떨어질 때 모양이나 움직임이 어땠는지 떠올려 봐.
② 눈이 쌓인 땅을 밟았을 때 어떤 소리가 났는지 생각해 봐.
③ 눈 내리는 날의 분위기나 내 마음속 느낌을 표현해 봐.

햄버거를
한 입 베어 물었을 때의 느낌

 **글쓰기 천재 토끼쌤은 어떻게 썼을까?**

패스트푸드 가게에서 산 햄버거를 한 입 베어 물었다.
빵이 노릇노릇하게 구워져서 그런지 첫입부터 맛있었다.
씹을 때 나는 바삭한 양상추 소리가 재미있었다.
계속 씹으니 촉촉한 식감이 입안 가득 느껴져 기분이 좋아졌다.
햄버거는 한 입만 베어 물어도 행복한 맛이 입안에 가득 퍼진다!

 **이제 네 차례야! 다섯 줄로 써 봐!**   ○월 ○일 ○요일

 **토끼쌤의 TIP**
① 햄버거를 한 입 베어 물었을 때 어떤 맛이 먼저 느껴졌는지 떠올려 봐.
② 씹을 때 들리는 소리나 입안의 식감을 자세히 표현해 봐.
③ 햄버거를 먹을 때 느꼈던 기분이나 생각을 솔직하게 적어 봐.

21 아이스크림이 녹아 흘러내리는 모습

 **글쓰기 천재 토끼쌤은 어떻게 썼을까?**

아이스크림이 녹을 때 어떻게 변하는지 궁금해 살펴봤다.

먼저 종이컵 안에서 아이스크림이 천천히 흐물흐물해지며 내려앉는다.

주변으로 달콤한 냄새가 퍼지고, 끈적끈적한 느낌도 느껴진다.

단단하던 아이스크림이 점점 물처럼 변해 가는 모습이 신기했다.

녹아 버린 아이스크림을 보니 먹지 못한 게 아쉬웠다.

 **이제 네 차례야! 다섯 줄로 써 봐!**

월   일   요일

 **토끼쌤의 TIP**

① 아이스크림이 처음에 어떤 모양이었고, 어떻게 변했는지 살펴 봐.
② 녹아내릴 때 나는 냄새나 촉감은 어땠는지 떠올려 봐.
③ 아이스크림이 녹는 모양을 보며 어떤 기분이 들었는지 표현해 봐.

22

생일 케이크에 초를 켜고 바라본 순간

글쓰기 천재 토끼쌤은 어떻게 썼을까?

내 생일 케이크 위에 켜진 촛불 여러 개를 바라보았다.
둥근 케이크 위에 작은 초들이 반짝이며 줄지어 서 있었다.
노란 불꽃이 살짝살짝 흔들리고, 달콤한 케이크 냄새가 났다.
불빛을 바라보니 마음이 두근거리고, 빌고 싶은 소원도 떠올랐다.
생일 케이크 앞에 앉아 있는 건 정말 행복한 일이라는 것을 느꼈다.

이제 네 차례야! 다섯 줄로 써 봐!

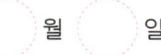 월 일　요일

토끼쌤의 TIP
① 촛불이 켜진 순간 케이크 위에 어떤 모습이 보였는지 떠올려 봐.
② 불빛, 냄새, 따뜻한 공기가 어떤 느낌을 주었는지 생각해 봐.
③ 그 순간 마음속에 떠오른 기분이나 소원을 솔직하게 표현해 봐.

23

트램펄린 위에서
방방 뛰는 친구의 모습

 **글쓰기 천재 토끼쌤은 어떻게 썼을까?**

트램펄린 위에서 뛰는 친구의 모습은 통통 튀는 작은 공 같았다.
검은 천 위로 작은 발이 쿵쿵 튀어 오르고, 얼굴은 활짝 웃었다.
"퐁퐁!" 하는 소리와 함께 바닥은 말랑말랑하게 움직였다.
하늘로 날아오르듯 뛰는 모습이 신나고 재미있어 보였다.
친구는 세상에서 가장 행복한 사람 같았다.

 **이제 네 차례야! 다섯 줄로 써 봐!**

 월 일 요일

 **토끼쌤의 TIP**

① 친구가 트램펄린 위에서 어떻게 움직였는지 자세히 떠올려 봐.
② 트램펄린이 움직일 때 나는 소리나 발밑 느낌을 상상해 봐.
③ 그때 친구의 표정이나 기분은 어땠는지 표현해 봐.

24
점심시간 급식실에 줄 서 있는 친구들의 모습

 **글쓰기 천재 토끼쌤은 어떻게 썼을까?**

점심시간 급식실에 친구들이 줄을 서 있다.

알록달록한 옷을 입은 친구들이 자기 차례를 기다리고 있다.

수저 소리와 말소리, 맛있는 냄새가 급식실 안에 가득하다.

친구들과 웃으며 기다리는 모습이 참 즐거워 보인다.

줄 서 있는 친구들을 보니 점심시간은 모두가 기다리는 시간 같다.

 **이제 네 차례야! 다섯 줄로 써 봐!**   ○월 ○일 ○요일

 **토끼쌤의 TIP**
① 친구들이 어떻게 줄을 서 있고, 어떤 표정을 짓고 있었는지 떠올려 봐.
② 급식실 안에서 들리는 소리와 나는 냄새를 자세히 생각해 봐.
③ 그 순간 친구들과 함께 있는 기분이 어땠는지 표현해 봐.